AF342568

Albiach / Celan: Reading Across Languages

+ SURFACE [t r u n c a t e d] On Gamoneda

Donald Wellman

ANNEX PRESS

Ann Arbor

E R R A T A

page   2   une innocence qui [*not* que] se défend - near bottom of page
page1   12   *Figurations de l'image* [not *Figuration de le image*]
page   13   Gilles [not Giles]   - near bottom of page
page   15   Georges [not George] Bataille   - middle of top paragraph
page   46   in the essay [*not* ssay]   - Second line bottom paragraph
page   55   translator's name should be under English text
page   31   Balle au bonde [not Balle **en** bonde]   - 9th line from bottom

for a Monalisa Many Thanks. Julian

CONTENTS :

ANNE-MARIE ALBIACH

« *après cela, moi j'ai regardé* »

(ébauche)

Une mémoire
atemporelle s'annule
et croît. Dans ces
fragments allusifs
qu'une logique ignorée
unit.
   le désir appréhende ces
fragments juxtaposés —
ou la peur — l'a-préhension
entrelacs du réel et de
ces images subites —
rapidité de l'instant —
   pulsion qui se joue de la
destruction et de sa destruction

points de mémoire précis —
   leur déportement dans un
contexte évolutif — de la fiction
masque — double — en perspective
asymptote
   le corps — se projette
se divise   se mémorise
une ferveur — (corporelle)
grammaticale
   un onanisme de la lettre
s'auto-engendre
projection
(« l'air s'irradie : bouche fermée »)
le hasard comme fiction: l'enjeu
   le hasard comme logique:
                        l'énigme

une association
d'images ou de termes.
Leur figuration —
La menace allitère — des
points permanents de
danger corporel se réitèrent —
(écrit dans le revers d'une
culpabilité occulte)

   perversité de la syntaxe —
   « analogies meurtrières »
une innocence que se défend —
« cruauté » dans la ferveur — inversée
         vers soi

engendrement (et de la lettre)
dans une perspective
en déplacement dans le
temps et son espace

termes musicaux élaborés
dans le réel d'un « quotidien »
hors sens — Une portée
architecturale en retrait —
l'image en défaut — son
retrait (perpendiculaire)
   pervers   perversité
le délit
    « meurtre » le corps
se retourne sur soi — comme si
le meurtre était extérieur et
interne en soi —
une respiration brisée qui perce
la toile d'une mutité
l'image surgit de ses
cendres — par spasmes -- allusifs
le discours mis en
accusation — sa trame défie
la logique discursive
   une sécheresse mentale,
la langue et le sable —
percent la teneur prosodique

[dans un corps à corps
           il induisait les
   débris de la logique —

agressifs —
la claustration fait défaut
à l'angle — « parfums précis »
parfaire le cercle qui
annihile les objets —
cri — aveuglement latéral
méticuleux
fenêtre ouverte et l'absurdité
du lieu

Voix maternelle: la haine ajuste des
origines — parfums, voyelles
incohérence des descendances
monnayables

Sexe à nu
omniscient   pouvoir de
destruction —
spasmes évasifs sous des
mains étrangères
la haine perclus de terme,
dans les détours de la
paralysie vocale —
mise à nu dans l'attente,
elle élabore une
défense : l'atteinte déjà ancienne

fragilité prolifique :
l'annulation de la perspective
temps aléatoire
un interdit transgressé

par la mémoire
     Blasphème — ancestral
                 sa dénégation

"after that, I myself looked"

(draft)

An atemporal
memory annuls itself
and grows. In these
allusive bits
that an ignored logic
unifies.
  desire apprehends these
fragments juxtaposed —
where fear — the a-prehension
an interlacing of the real and with
these rapid images —
sudden, fleeting —
  the drive that plays with
destruction and from its destruction

points of precise memory —
   their behavior in an
evolving context — of fiction
mask — double — in perspective
asymptote
     the body — projects itself
  divides   memorizes
a fervor — (bodily)
grammatical
   an onanism of the letter
engenders itself
projection
("the air irradiated: mouth closed")
chance like fiction: the stake
  chance as logic :
                  the enigma
an association
of images or terms.
Their figuration —
The alliterative menace — of
the fixed points of
physical jeopardy reiterate —
(written in the reverse of a
hidden culpability)

     perversity of the syntax
  " murderous analogies "
an innocence that protects itself —
" cruelty " in the fervor — inverted
          towards itself

engendering (and of the letter)
in a perspective
of displacement in
time and its space

musical terms elaborated
in a "quotidian" reality
beyond sense — An architectural
support in retreat —
the image in default — its
(perpendicular) retreat
   perverse   perversity
the offense
   "murder" the body
turns on itself — as if
the murder were outside yet
internal both—
a broken respiration that pierced
the sheet of muteness
the image surges from its
ashes — in spasms — allusive
discourse placed in
accusation — its thread defies
discursive logic
   mental aridity,
the language and the sand —
pierce prosodic content

[in a physical struggle
   he introduced the

debris of logic —
aggressive --
the claustration becomes vice
at the angle — "precise perfume"
to perfect the circle that
annihilates objects —
   cry — blindly lateral
             meticulous
   window open and the absurdity
     of place

      Maternal voice: hatred adjusts
    origins — perfumes, vowels
incoherence of posterity
convertible cash

    Naked sex
  omniscient   power of
  destruction
     evasive spasms under
  alien hands
   the hatred of a crippled term,
   in the lapses of the
   vocal paralysis —
      made naked in readiness,
   she elaborates a
defense : the violation already ancient

prolific fragility:
annihilation of perspective
aleatory time
      a transgressive prohibition

by the memory
  Blasphemy — ancestral
          her denial

Anne-Marie Albiach

*Translated by Donald Wellman, Julian Kabza, Claude
Royet-Journoud*

ALEATORY DISPLACEMENT

BY DONALD WELLMAN

In *Figured Image* (Post-Apollo Press, 2006), Keith Waldrop has made available to readers of English the most significant compilation of Anne-Marie Albiach's work since her *Mezza Voce* (also Post-Apollo Press, 1988). Waldrop's limpid immediacy negotiates with deliberate grace the complexities of Albiach's lexicon. She makes frequent use of words like "absence," "figure," and "trace"—a grammatological terminology, nuanced in her usage, but one that has since the 1980s become associated with an academic jargon. Without sacrificing this metaphysical dimension of the poetry, Waldrop achieves a physically pointed diction, a requirement if the reader is to grasp Albiach's distinctive processes of articulation, her "ghastly / literalness of absence" that abrupts as if by inscrutable chance on the page ("EXCESS: this measure," *Figured Image* 60).

It is difficult, in quoting from this text, to register the space between the terms of a title, like "Line Loss" or the spaces between lines and clusters of lines. That space honors Mallarmé, the forerunner to so many modern poetic practices. Moments of scored space, scored speech proliferate on her pages. I have chosen not to attempt to reproduce these spaces here. Thankfully the Post Apollo edition of *Figured Image* is a typographical facsimile of *Figurations de le image*. Equally Mallarméan are the signifiers that admit an aleatory process as in "Un coup de Dés." None of this is precious. Image clusters dissolve and assert themselves by their own inscrutable process of seeking and shrinking from coherence. The work is not mimetic, as Mallarmé's in some senses remains.

Possibly there are multiple Albiachs. For one of these, composition is a material process keying on the physical presence of a breathing person. "I live the text as a *body*," she has said. Her work has also been described as a combat between "the trace and the blank page" (Jean Tortel). Her poetry, I am thinking of *Anawratha* as much as *Figured Image*, is the site of dismemberment, violent incision, both the space of the page and the marks on the page scoring the language in the double sense of "score" or "cut" and "score" or "arrange." It troubles my ear that Waldrop translates, the French "incision" as "notch" in "Figures of Memory" (*Figured Image* 25). But then he gives us the exquisite "major cut" for "entaille majeure" in his translation of "EXCESS: this measure" (*Figured Image* 75), fusing laceration and a physical bliss with the musical and prosodic resonances that are sustained motifs in this poem.

Albiach's approach to writing is almost formulaic, in a sense modular; it is definitive with respect to the practice of *écriture* with which her poetry is associated, along with that of Emmanuel Hocquard, Claude Royet–Journoud, Jean Daive. *Écriture* privileges the nominal flatness of language, the "*différance*"—as theorized by Jacques Derrida—that allows signs to defer to one another in relational chains that inscribe meaning. For Jacques Derrida, the "trace" is a presence but it is also the site of the erasure of the sign, "erasure belongs to its structure" (24). Similarly influential for *écriture* is Michel Foucault's construction of "enunciation." For the poets associated with this practice, the image is a presence, not a trope, "involution of discourse" writes Albiach in "Winter Voyage" (*Mezza Voce* 62). Social factors that constitute a regime of discourse often exist in an unresolved tension with the intentional use of language. "Such investigation strips bare an indeterminate time, / abasing the relapsed, gestures from this time forward," Albiach writes in "Incantation," one of the poems in *A Geometry*, a small book, that is included in *Figured Image* (18). The poems of *A Geometry* serve well as an introduction, a grammar even, for the practice of *écriture*. Keyed on the physical presence of a breathing person, images or expressions, in isolated, incomplete fragments, mark an absence that is also a trace of an absence. Her use of the word "trace / tracé" in the opening line of "EXCESS: this measure" aligns deconstruction and *écriture* as twins or parallels, complementary reading and writing practices.

Albiach's title, *Figurations de l'image*, reminds me of the discussion of the different senses of "figurative" and "figural" that occurs in the opening pages of Giles Deleuze's book on Francis Bacon. The liberation of the figure from representation is a project of deep expressive importance for Deleuze. It can be said that the white space of Albiach's page, combines with the erasure of the trace, so as to isolate the figured image, allowing aleatory recombinatory possibilities that are not representative but performative. This is precisely the needful isolation that Deleuze finds in Bacon and calls "figural" as opposed to either formal abstraction or figurative representation (9-10) Abstraction, Deleuze argues, is not the only alternative to figuration, the figural isolates the body in its presence on the page. Albiach's physical presence is an antidote to abstraction.

With a certain doubleness of purpose, I want to underscore that translation, like *écriture*, is an act of writing as well as reading. Consider the words of the title, "Figured Image." They are more singular than the multiplicities suggested by "figurations" in Albiach's title. "Figured" in its turn evokes a vein of semantic slippage and resolution, something to do with geometry, with the bass line of a musical composition, a fruitful redundancy between figure and image, all associations that are germane to an appreciation of Albiach's practice. Such translation adds resonance to the text in the mind of a revisionary reader. With regard to the multiplication of felt resonance, Waldrop's text stands first among of the many useful readings that this suite of poems will continue to require. I assume he had opportunities to discuss the scope of allusion and reference underlying his choices with the author and with other translators, settling after deliberation upon a sense that allows sustained and attentive readings for the reader of English. Still the poet for her part will be more aware of the meanings to her of key terms than the translator. The translator too will be aware of multiple possibilities for phrasing foregone. Translation by its nature must isolate plateaus and layers that are deeply fused in the original.

I want to address some specifics in the handling of two poems, "Line Loss" and "EXCESS: this measure." Images like the following from "Line Loss" are almost Roman in severity, "Draped in scarlet / they presided over the theme of an absence" (31). The matter seems to be a lust murder. "They" refers it seems to a couple exchanging embraces, a couple abstractly present. "Presided" is very royal, legal, juridical—the language borders on both absence and a dark erotism. Do I sniff the influence of George Bataille, on these pages otherwise so pristine and precise? The language of the translation catches some of this, but is it in the poem or a product of my reading? Are "they" lovers or judges, "Dans les draperies écarlates / ils officiaient ..." (37). The language is in any case, Roman, juridical. The image is not a figure, it is a moment within shifting permutations. A certain calculus has been applied.

In another line, "opacity / not found in fiction" (34). We have in miniature, miniaturized what is essential about the practice of *écriture*—for the writing, in its opacity, accretes associations, is envisaged, flatly produces something other, but cancels that fiction. Reading is an effect of the presence of the text, of a writing that will not loosen or recede from its presence on the page. The French for disappearing opacities will always be more nuanced than English, "l'opacité / absents dans la fiction" (40). The double relation of absence and the opacity of figuration is much more insistent in Albiach's original than in Waldrop's translation. His is a reading among a congeries of readings. To gage Waldrop's accomplishment consider how Peter Riley handles these lines, "the opacity / absentees in the fiction" (20). That sense of missing persons is also at play in Albiach's language. Engagement with a text this supple requires many iterations, by many hands.

"Line Loss" is an erotic poem about "spasms" and "perfect liquidity" (31). Waldrop captures the innuendo and interplay adroitly. In a doubling of planes, "an attentive duplicity" figures of passion emerge in "aleatory displacement" (32). The poem cites its Mallarméan heritage, its deconstructive linguistic practices, and its Freudian (or Lacanian) slippage between courtroom and courting, catching this range of tonalities with an admirable precision, almost it seems as if to quote from itself, by these means presencing the deliberations of writing. "Counted steps" (31) become "an erotism narrated / with unheard precision" (39). The cutting that is rendered as "precision" is a verb in the French "se précise inouïe" (45). Waldrop alteration of her grammar enables an unimpeded reading, although that might not be the most suitable choice..

Translation is a reading of the opaque; but it's against its nature to remain opaque for then it could no longer claim status as a translation. Waldrop's English is less grammatical in a sense than hers and in a sense more dramatic. His "the first traces / unnaming the name" (37) renders the rich linguistic ambience within which "écriture" as a poetic process is a partial response, partial step into complexities of its own apprehending. Albiach's text reads, "Les traces premières / où se dédit le nom" (43). The reflexive nature of her deconstructive editing enacts the complexity of *écriture*.

In "EXCESS: this measure," like other examples of Albiach's method, she works between embodied constants, "breath" and a "gaze fixed" by discernible articulation, "following the sketch / an articulation or / discernibles" (47). The lines call for a reading that follows a score. "EXCESS: this measure" foregrounds compositional method; it is an important document in that regard. References to "dismemberment" and "rehearsal" seem to place the reader before a piano, an instrument of some description, possibly a flute, "the painful side of / inhaling" (50), practicing, "a score / abstracts the lure" (51). Generously spaced lines and clusters mirror hesitation and concentration "awkward at / the joints" (52). Think tired fingers. The tropes, from "score" (51) to "scar" (55), stage a personal resonance, allowing "nutritive lacerations" (58), as though the writing were on the body, the body like the page, the site of "dismemberment" (58). Then a larger gap between lines, an "abyss" figured and a "literalness of absence." (60). The art is breathtaking, "prosody reflects" (85). The page entrances.

JEAN DAIVE

Urgence et négation en réponse

Anne–Marie Albiach et Paul Celan

Le Palais des Papes domine le Rhône et au-delà Villeneuve-lès-Avignon où je
prépare un programme de lecture l'après-midi à la Chartreuse alors en travaux. Des
agents municipaux montent une scène dans le jardin entre un mur et un passage de
fortune : elle se compose d'une structure métallique bâchée faite de planches, de
pièces de toile et de tréteaux. C'est l'été pendant le Festival d'Avignon. La fin de
journée est chaude. Anne-Marie Albiach que j'ai invitée est là. Belle, sombre,
tendue, grave dans sa robe blanche plissée et son chemisier transparent. Presque
dramatique et espagnole avec ses cheveux tirés en arrière. Elle fume et ses lèvres
pincent un porte-cigarettes en argent avec force, parfois même avec cruauté ou

malice. La lecture va commencer. Eté 1981. Juillet. Je présente le programme et Anne-Marie Albiach. Il est 17 heures et je m'attends à entendre une voix déchirée qui déchire le premier vers *d'E*tat et le suivant et les suivants jusqu'au bout, jusqu'à la fin du temps. Ce qui a bien lieu. Cette voix unique parle pour déchirer, lit pour déchirer, respire en silence et déchire sans la présence d'une respiration physique audible. Cela se déchire presque en retrait dans la voix. Et cette respiration se retire de plus en plus au fil de la lecture, car elle impose les silences, elle compose les silences ou elle les construit au fur et à mesure, parce qu'elle accentue la virgule ou mieux encore le point ou la parenthèse. La voix déchire et la voix exprime la raréfaction de l'air aussi bien que l'abstraction du sens et la respiration même comme mentale. L'abstraction du sens et la respiration abstraite qui accentue sont les agents d'une lecture : elle ne s'oubliera jamais. L'oreille entend, griffée avec des aiguilles, assaillie avec des aigus – tous les mots produisent les aigus (il faut imaginer le son d'un saxophone, les aigus d'un saxophone), cette voix s'accorde à cet incroyable instrument. L'oreille retient un aigu qui en se déchirant dans la voix même, contamine la lecture, donc le vers, donc sa composition, donc le public sidéré. Ce n'est pas une voix de la conclusion -- jamais – mais une voix de la suspension – toujours. La voix n'arrête pas le vers ou le dernier mot du vers, elle suspend, elle entraîne (dans le sens du terme d'horlogerie), elle entraîne le mot suivant, car la suspension permet l'entraînement. Le point reste ouvert et ne ferme jamais. Rien ne finit voix, celle-ci entraîne la suite et une autre et une autre encore. Tout la est lié et tout se lie avec les temps en suspension qui découpent les vers. La voix est une sorte de spirale et de nœuds qu'elle affirme. Ca se fait dans un corps. Ca se défait dans un corps. La voix arrache jusqu'au thème qui se déchire en indécision. La voix travaille au même titre que le blanc de la page, au même titre que le mental. Elle lit comme elle préserve <u>non</u> dans le récit, dans la narration même, elle préserve la catastrophe, une effronterie syntaxique. Il y a toujours – masquée – *l'indiscernables* de la page 113 *d'E*tat (avec le pluriel). Je pense aux rideaux filmés par Andrei Tarkowski dans *Le Sacrifice* – ils se gonflent d'air dans la chambre où un enfant dort et respire en même temps que les rideaux se gonflent, palpitent, vont et viennent. Comment une telle voix décompose-t-elle le vers jusqu'à rendre les griffes du jambage et les boucles de chaque mot. La voix donne vie aux aigus de chacun des vers. Il y a cette urgence à dire et à déplier tout le sens d'un mot comme par exemple le mot « é-nig-me », jusqu'à l'entendre se déplier, c'est-à-dire venir dans l'oreille en énigme et maîtriser la fin du mot pour en rendre l'écho et une réverbération : nig-me. L'étrangeté de la lenteur sidère le public et me sidère. C'est une voix de l'effroi qui jette l'effroi sur chacun des mots lus. C'est une voix du blasphème, parce que c'est une voix aux prises avec une rétrospective recommencée pour chacun des mots prononcés. C'est une voix de l'effroi en lutte avec la rétrospective. L'effroi qui ne connaît pas l'apaisement, exprime un abrupt qui ne connaît pas l'apaisement. Grand sens de la mise en scène (rétrospective vocale) et grand sens de la mise en page (rétrospective atonale) avec pratique de la double page. Dramatisation de la page. La page est un opéra, oui. La mise en page relève de l'opéra, mise en scène de la voix. Le libraire de la Chartreuse a retrouvé un carton rempli de l'édition originale du livre de Pierre Reverdy, *La Balle au bond*, imprimé en 1928 à Marseille. Je lui en offre un exemplaire et plus tard nous parlons de la page chez Pierre Reverdy, de la double page chez Pierre Reverdy, comment il en joue, comment il la dynamise, comment il l'accidente, comment il fixe un équilibre à partir d'un déséquilibre pensé, voire mental. Comme chez elle. Elle sourit en parlant. Sa parole est toujours très physique et la page qu'elle dessine devant moi avec les mains est très physique. Visiblement elle aime le livre. Elle aussi partage cette pratique de la double page et comment la pensée de la double page accueille indistinctement poème en vers et poème en prose. Grande liberté, dit-elle, grande légèreté. Elle aime retrouver dans *La Balle au bond* le mot « flaque » de la page 25. En effet, le mot « flaque » si présent dans l'œuvre de Pierre Reverdy est l'image concrète de l'abîme. L'abîme échoue sur la page et ainsi devient une flaque. Chez Anne-Marie Albiach, l'abîme échoue dans la voix. Flaque abyssale. Voix abyssale . Abîme à l'état de flaque. Voix à l'état d'abîme. La parole est un corps. La lecture est un corps. La page est un corps. La page a sa ponctuation. La page a ses plans, son horizon et ses points de fuite, ses bords. Les mots sont des aigus avec le timbre déchiré dans l'oreille.

Je rencontre Paul Celan en 1965 au Royal Panthéon, café qui se trouve à deux pas de l'Hôtel des Grands Hommes et en face du Panthéon. André du Bouchet, dans une lettre qu'il m'adresse, reçue la veille, me prévient du protocole. Ils arrivent ensemble et André du Bouchet me présente. Pendant un moment, ils parlent tous les deux. En effet, André du Bouchet prépare les sommaires d'une nouvelle revue à paraître, *L'Ephémère.* Les questions sont de cet ordre : « Paul Celan, pour la traduction de Mandelstam, vous m'aviez proposé un nom, celui de Jean Blot. Vous vous souvenez ? Donnez-moi je vous prie son adresse ? » « Paul Celan, la dernière fois que nous nous sommes vus, vous m'aviez parlé d'un jeune poète américain. » Et j'entends pour la première fois prononcé le nom de Robert Creeley. Ensuite, une fois la dernière question posée, André du Bouchet prend congé et nous laisse, seuls, face à face. Très vite, presque selon une urgence – Paul Celan me propose de le traduire. Comme si la question de la traduction, entre nous, devait être un jeu pour ne pas être tout à fait un enjeu. Mais je pense qu'il en était un – d'enjeu. Comment ? Par les situations, par les recoupements, par des déductions. La traduction semblait toujours une médiatrice entre nous -- insistante. Autrement dit, je ne possède aucun exemplaire de livres de poèmes dédicacés ni signés. Pour *Atemwende,* c'est Gisèle qui m'a remis l'exemplaire. J'étais sur la liste préparée par Paul Celan lui-même. Pour *Totnauberg,* Paul Celan me dit : « Je ne mets pas de dédicace, il est déjà signé. » Il m'offre – il choisit -- le numéro 4, Gisèle le numéro 9. Par contre tous les livres de traduction sont signés devant moi, réclamés auprès de Gisèle qui les lui dépose et qu'il signe un à un après avoir arraché le papier cristal protecteur. Les poètes russes me sont offerts, dédicacés et signés, ainsi que *Les Sonnets* de Shakespeare, avec ce mot : « Herzlich ». Chez Anne-Marie Albiach, il y a le vers (la langue française et la page ou la double page). Chez Paul Celan, il y a en miroir et en permanence, le vers allemand et le vers de toutes les autres langues qu'il traduit (française, russe, anglaise, italienne, principalement).

Dans les années 70, nous nous voyons souvent chez moi et dans un restaurant de mon quartier La Coquille. Anne-Marie Albiach travaille non loin, près de l'Opéra et voit souvent son père malade, ingénieur naval de haut niveau. Ces trois nouvelles réalités se chevauchent et se projettent jusque dans la langue même d'Anne-Marie Albiach et notre dialogue. Le travail quotidien chez un éditeur, ses visites presque journalières à son père et nos déjeuners l'invitent à me parler plus intimement de la famille, de son père en particulier et de sa mère que je rencontre beaucoup plus tard à Neuilly au cours d'un déjeuner où elle me chuchote sur le ton du secret : son père est l'inventeur de la double coque – ce qui revient à confier que son père est l'inventeur du navire insubmersible ou bien du poème impeccable, sans doute indestructible, sans doute aussi inattaquable et inavouable. Silence. Elle baisse la tête. Je pense souvent à cette scène où se mêlent la confession, l'aveu et la profération. Il ne peut plus y avoir de nœuds, nulle part, dans le monde, grâce à son père, semble-t-elle sous- entendre. Elle souffre en disant cela, car la phrase est lourde de sens et surtout de non dit.

La vie de Paul Celan est une vie dirigée, fléchée, aimantée. Elle trace une trajectoire. Cette vie cesse à son terme avec ses géographies et ses lieux : Czernowitz, Tours, Czernowitz, Bucarest, Vienne, Paris. Et ses lieux de la fin : la Contrescarpe, la Seine, le Pont Mirabeau présents dans les poèmes, présents dans les livres. La vie de Paul Celan est une lutte permanente contre la mort, contre le temps, contre la langue. La langue elle aussi est dirigée, fléchée, aimantée. Elle trace une trajectoire. La langue cesse à son terme : langue rilkéenne des deux premiers livres, langue mallarméenne du troisième, puis langue qui recherche dans le bas-allemand (le plattdeutsch), dans le néerlandais ou le flamand la source du yiddish. Il y a deux montres : la montre de la vie, donc de l'urgence et celle de la langue qui va du nord-est vers le nord. La vraie montre, celle qu'il porte au poignet, il la posera sur sa table de nuit avant de s'élancer vers la Seine ou le Pont Mirabeau.

Il y a la solitude d'Anne-Marie Albiach. Il y a la solitude chez Anne-Marie Albiach. La solitude doit être une force et non une faiblesse. Je l'ai compris entre autres en lisant Rilke. Et nous l'avons compris dès l'enfance, tous les deux, que la solitude se veut, se doit d'être maîtrisée. Il faut observer le regard de l'enfant et de l'adolescente – regard effronté. Anne-Marie Albiach gère la maison avec grande maîtrise, parfois grande effronterie et volonté qui n'exclut pas le désarroi. Un dîner parfaitement pensé peut se transformer en désastre. Un soir, Anne-Marie Albiach prépare une choucroute. La choucroute de Mallarmé dira un convive japonais, arrosée de Champagne et flambée, ce qui met le feu à la nappe, à la table, au salon. Et combien de nappes brûlées au cours des dîners, grâce au chandelier qui se renverse, grâce aux allumettes, car Anne-Marie Albiach fume cigarette sur cigarette. Le feu est là, le feu de la parole et même du silence est là. Le feu gagne. Le feu vit et apporte le feu. Le poème brûle. Le vers brûle. La voix brûle. La voix est brûlée et contamine. Son élégance est une élégance qui brûle. Il y a aussi une volonté de perfection dans le choix de maîtriser la solitude en maîtrisant l'intendance, ce qu'elle sait impossible, qui a ses failles et sa démesure. Elle gère la maison comme une parfaite gouvernante qui veut tout savoir. J'aime son studio où le lit est séparé de celui de sa mère par une mince cloison. Elles respirent presque en même temps, j'imagine. Une même cloison sépare les deux lits. La mère et sa fille dorment presque côte à côte. J'imagine la double coque. A propos de la solitude, il faut que le corps soit pris dans la menace. Il faut que la langue soit prise dans la menace et la récidive. Ne rien laisser en plan mais tout désarticuler. « Et ce qui préexiste ou suit l'écriture engage la menace dans un certain leurre. » A la mort d'Anne-Marie Albiach, Claude Royet-Journoud m'offre un cahier. Il est sans doute unique, parce qu'il est fait d'images en couleurs, collées et disposées par elle-même, images proches de l'opéra. Images baroques, images singulières de paysage, images de madones, images d'un Moyen Orient presque improbable, photographie de ruines, peintures anciennes de Vierge italienne, comme sorties d'un rêve, avec implosion, avec fusées et fumées, avec feu d'artifice. Le terme de fusée, selon l'esprit baudelairien serait le bienvenu. Le premier mot écrit de la main d'Anne-Marie Albiach, écrit à l'encre est : nature.

Il y a du sommeil dans la voix de Paul Celan, contrairement à celle d'Anne-Marie Albiach, un rideau de souffle qui cache, donc accentue une détresse, un abattement, un malheur chaque fois qu'il doit lire ses poèmes, j'entends les effets d'une mémoire au moment où elle parle, au moment où elle se souvient et remonte à la surface jusqu'à se hisser à la vie des hommes. Sommeil encore, parce que la voix entraîne avec elle toute une nostalgie, toute une mélancolie. Voix naufragée, elle met la colère sous dépression. En fait, la mémoire est naturellement une « camera obscura » pour Paul Celan : elle cadre une abstraction dépressive et certainement une abstraction de sens et je pense d'abord à "Einführung" qui ferme son troisième livre *Sprachgitter,* écrit à Paris où il arrive un 14 juillet place de la Contrescarpe décorée de drapeaux tricolores. En 1948.

L'abstraction (1), qu'est-ce que c'est ? Comment s'impose-t-elle à un artiste, à un poète, à la suite de quoi ? Que codifie-t-elle ? Pour Paul Celan, la mémoire joue un rôle central, car elle met en jeu le mécanisme de la narration et de la contre-langue. Comment raconter, alors que la mémoire ne peut que faillir et distribuer elle-même les accents ? Les accents qui rendent compte de l'intolérable, de l'insupportable, de l'utopie et le plus souvent de l'oubli, de ce que Wassilly Kandinsky rappelle à Arnold Schönberg dans une lettre écrite à la naissance même de l'abstraction : "la pause" et sans doute le silence ou encore l'écho. Tout est dans la nature des plans et la narration en est la résultante organisatrice d'un désordre abstrait — celui-là manifeste des idées expressives non figuratives, non narratives. L'abstraction du point de vue du poème et du tableau exprime des rapports de tensions et de lignes de force en opposant lignes et couleurs, idées et syntaxes et en impulsant le rythme grâce à la ponctuation (blanc compris) ou encore grâce à une strophe par exemple qui agit comme un «tendeur». Wassilly Kandinsky peint tout d'abord vaches dans prairies penchées aux clôtu res vraiment musiciennes et musicales le long d'un espace qui trouve sa scansion en présence d'un ciel cobalt et d'un nuage vert. Comment un code -- il porte le titre d'un de ses livres célèbres *Point Ligne Plan* — manifeste-t-il toute une abstraction souveraine ? Comment un paysage de moulin où Piet Mondrian crucifie le père, crucifie le père selon une répétition qui insiste jusqu'à peindre à nouveau la crucifixion du père, comment celle-ci (la mort du père) conduit-elle à une abstraction radicale pour aboutir à ces deux grandes tensions contradictoires : horizontale et verticale ?

Deux éléments biographiques (2) s'imposent dans le regard de Paul Celan — il regarde la peinture, il regarde les images, il regarde Alberto Giacometti, il regarde Théodore Géricault à la National Gallery et le cheval à l'épreuve de la foudre (la formule, j'insiste, est de Paul Celan lui-même) - *A Horse frightened by lightning*, il regarde le film d'Andreï Tarkovski *Andreï Roublev*, il regarde *Z* de Costa-Gavras, il m'entraîne d'autorité à voir au Quartier Latin *Les chevaux de feu* de Sergueï Paradjanov. Tout cela pour affirmer l'image, toutes les images et que deux éléments biographiques s'imposent dans le regard de Paul Celan, critique à l'égard d'une abstraction de sens. Gisèle Celan-Lestrange, rencontrée à Paris en 1951, est artiste.

Elle est une élève de l'Académie Julian. Elle grave et s'exprime au moyen de l'abstraction qu'elle reporte sur des planches de cuivre. Elle travaille à Montmartre à l'Atelier Lacourière et Frélaut qui l'accueille. Elle y a ses habitudes et y retrouve ses amis comme Zoran Music, comme Micheline Catti dont elle aime le travail. Il n'est pas rare d'y voir deux hommes se parler, attendre deux femmes : Paul Celan et Gherasim Luca, Gisèle Celan-Lestrange et Micheline Catti. Lorsqu'elle achète l'appartement au cinquième étage de la rue de Longchamp près du Trocadéro, Paul Celan la convainc d'installer son atelier dans une des pièces donnant sur la cour et surtout d'y prévoir une presse afin de passer de la taille de la gravure à son impression et donc à une épreuve d'état pour s'assurer de la qualité de transfert de l'image gravée à l'image imprimée. Paul Celan est là. Il regarde, il découvre l'abstraction de Gisèle ou plus exactement l'abstraction du poème que Gisèle représente en qualité d'abstraction. Il est critique, Il est vigilant. Il est souvent admiratif et toujours l'encourage à continuer. Jusqu'au bout. Parce que la gravure est un miroir. Lorsqu'il découvre l'estampe gravée de Gisèle en frontispice de *Monde à quatre verbes* (à la fois radicale et qui marque non pas une rupture mais un changement), il est plus qu'étonné et en admiration, mais interloqué et il le dit. La qualité d'abstraction chez Paul Celan se règle d'après celle de Gisèle Celan-Lestrange. Pour comprendre, j'invite le lecteur à lire les deux livres qu'ils ont réalisés ensemble *Atemkristall* et *Schwarzmaut* chez l'éditeur Robert Altmann aux éditions Brunidor et repris aujourd'hui en partie chez Surkhamp. J'invite aussi le lecteur à lire ou relire *Le Méridien*. J'invite encore le lecteur à réfléchir sur les filaments gravés de Gisèle Celan-Lestrange et sur la présence des filaments dans le livre de Paul Celan qui porte le titre *Fadensonnen.*

L'autre élément biographique s'appelle Nicolas de Staël : autre frère de coeur, autre frère de pensée, après Ossip Mandelstam après Franz Kafka. Il regarde l'abstraction compliquée, parfois hésitante, car l'abstraction — ici — va d'une figuration disloquée (donc repérable comme l'abstraction qui s'impose dans *Les Toits* ou dans *Les Footballeurs*) à une abstraction pure y compris la dernière toile inachevée représentant un piano à queue et une contre-basse : il s'agit ici d'une abstraction qui vole, plane, flotte — quasi mythifiée. Paul Celan regarde et jubile. Il sait que Nicolas de Staël a supplanté le pinceau au profit du couteau. Et le couteau mesure les épaisseurs, détaille les formes abstraites, les surfaces, le mouvement des surfaces. Chaque aplat est une oeuvre en soi — habitée. Cet autre élément biographique (Nicolas de Staël après celui de Gisèle) est une seconde « camera obscura ». L'image abstraite intervient dans la pensée du vers et sa puissance d'abstraction.

Pourquoi ne pas reprendre l'idée de fusée à propos de la poétique celanienne.

NOTES

1.

Le sujet ici est mon souci de définir l'abstraction dès sa première année c'est-à-dire 1910. Kandinsky a déjà toute une structure et tout un vocabulaire. Il sait que toutes les formes de son expressivité doivent tenir grâce à un arc noir, par exemple. Le mot «arc» je l'ai remplacé par le mot « tendeur » plus simplement expressif et littéralement expressif. Chacun trouve son tendeur. Kandinsky avec son arc noir et Paul Celan rien que par un vers ou par une strophe de trois vers qui agit comme une griffe. J'ai voulu définir l'abstraction pour que le lecteur comprenne bien ou comprenne mieux en prenant l'exemple de l'arc. A quoi sert l'abstraction en 1910 ? L'abstraction sert à repenser la narration et à amener par la sauvagerie de son désordre non pas une narration autre mais une contre narration. C'est exactement le problème de Paul Celan, utiliser la langue allemande non pas pour elle-même mais comme contre langue. En écrivant en allemand, il va jusqu'au bout de ses possibilités y compris celles d'entendre le yiddish dans le plattdeutsch. Contre narration, contre langue, contre logique. Il faut imaginer le « non » qui autorise le "contre déni». Et il faut imaginer la place que peut prendre alors le témoignage dans la perspective du contre déni et de la contre langue.

2.

Le sujet est principalement Paul Celan, mais aussi le lieu où il est né, Czernowitz, en 1920, dans l'ancienne Bucovine, qui a subi les effets de la première guerre mondiale et la dislocation de l'Empire Austro-Hongrois. J'insiste. Et pourquoi j'insiste ? Il faut se donner le moyen d'entendre les langues, toutes les langues parlées dans un lieu comme Czernowitz. Toutes les langues allemandes y compris le plattdeutsch. Il faut entendre l'ukrainien, le roumain, le tchèque, le russe, le polonais, le yiddish avec ses accents. Je m'y suis rendu pour entendre toutes ces langues. Celles que Paul Celan avait en tête, avait dans les oreilles, avait dans la voix pendant toute son enfance, pendant toute son adolescence et pendant tout le temps du camp de travail. L'accent, il faut se le rappeler, est déjà très présent dans *Le Méridien* et je dirai que Paul Celan est un poète de l'accent. Mon sujet déborde le manuel universitaire sur l'histoire du yiddish.. Mon sujet est Paul Celan et son approche de la langue allemande avec laquelle il écrit ses livres de 1965 à 1970. A partir de *Sprachgitter* il n'écrit plus seulement avec la langue des bourreaux, comme il l'écrit lui-même dans une lettre, mais dans une langue allemande autre. Je veux écrire sur le vécu de la langue celanienne, parce que je me souviens d'une rencontre essentielle lors de mon premier voyage aux Etats Unis, à New York. Je veux rencontrer Robert Rauschenberg et John Ashbery. Je rencontre très vite John Ashbery à qui je pose immédiatement cette première question : « Pourquoi êtes-vous venu en France ?" Il me répond aussitôt : « Parce que je voulais entendre parler la langue française à Paris et voir le bleu du ciel de l'Ile de France depuis Chartres". Je peux donc témoigner des accents multiples des parlers de toutes ces formes dialectales d'une langue formidablement métissée qui devait résonner chez Paul Celan entre 1920 et 1948 d'une étrange façon. Et qui devait se présenter plus tard sous forme de « clavier ».

Pourquoi étrange ? Je le rencontre en 1965. Il a encore 5 ans à vivre. Il reste debout comme il le dit lui-même mais totalement écrasé par l'affaire Goll, par une maladie qui le dépasse et qui l'oblige à vivre l'hospitalisation, les internements, la rupture avec Gisèle — elle se profile, elle va se réaliser. Paul Celan est un poète mais d'une étrange manière. Il est en même temps un traducteur inlassable et il est en même temps un traqueur de nazis. Il dénonce, il traque. Il dénonce publiquement. Il y a un désespoir qui le pousse du côté de la rue d'Ulm, de l'Ecole Normale Supérieure et de la classe où il lit, où il reçoit, où nous faisons les traductions. La classe où il enseigne et qui n'est pas très loin de la Contrescarpe qu'il aime particulièrement et qui n'est pas très loin du studio de la rue Tournefort. Il transforme cette colline en un lieu actif de résistance et je dirai même qu'il en fait le lieu de sa "camera obscura" où il recompose une langue allemande à partir de ce qu'il entend dans la tête. Principalement une langue allemande qui s'oriente vers le plattdeutsch pour retrouver les accents du yiddish y compris dans les accents du néerlandais et du flamand. J'écris : « source du yiddish », il ne s'agit pas du tout d'une source évoquée dans un manuel universitaire mais d'une source qui s'est révélée en lui-même et qui lui permet d'écrire les poèmes des derniers livres. La juste question serait de me demander ce que vient faire le flamand dans toute cette histoire. Après le départ de du Bouchet lors de notre première rencontre, Paul Celan me confie que du Bouchet traduit *Finnegans Wake* ou du moins les premières pages très difficiles, parce que James Joyce mêle les langues ou les mots d'un certain nombre de langues qui lui rappellent la langue parlée à Dublin.. Et je lui réponds ceci (parce que je connais bien James Joyce grâce à mon professeur de grec et latin qui m'a offert *Ulysse*) : « Oui Joyce a passé tout un été avec sa famille à Ostende. Il a passé un été à écouter la foule, à écouter la foule parler, à écouter la langue flamande dans la bouche des Flamands, à écouter aussi le néerlandais.

 Joyce a pris beaucoup de notes et elles ont inspiré la Chute de l'homme dans l'escalier qui est un sommet du son guttural le plus inouï. Ces mots, ou flamands ou néerlandais, ou ces accents du yiddish ou ces accents de plattdeutsch, donnent des sonorités qui font entendre ou le tonnerre ou la chute du premier homme". Et Paul Celan me répond : « J'en suis là moi aussi. » Ces informations sont inédites, voire même ces aveux. Néanmoins, il faut s'inviter à relire *Le Méridien* de Paul Celan, mais également *Le Méridien* édité par Bernard Böschenstein et publié par Stanford University Press. Il faut s'inviter aussi à un voyage : se rendre à Czernowitz.

- Jean Daive

Urgency and negation as response

Anne–Marie Albiach and Paul Celan

JEAN DAIVE

The Papal Palace dominates the Rhone and from there Villeneuve-les-Avignon where I prepare a poetry reading for the afternoon at the Chartreuse, then under renovation. The municipal agents stage the scene in the garden between a wall and a convenient passage; it consists of a metallic structure thrown together with boards canvas, and trestles. It's the summer during the Festival of Avignon. The evening is warm. Anne-Marie Albiach whom I have invited is there. Beautiful, somber, tense, serious in her dress with white pleats and her transparent blouse. Quite dramatic and Spanish with her hair pulled back. She smokes and her lips bite a silver cigarette holder, forcefully, sometimes even with cruelty or malice. The reading is about to begin. Summer 1981, July. I introduce the program and Anne-Marie Albiach. It is 5 p.m. and I prepare to listen for that ravaged voice that will tear the first verse of *État* and the next, and those that follow, all the way to the end, the end of time. Which then occurs.

That unique voice speaks in order to shred, reads to strip bare, breathes in silence and rips apart without the presence of an audible physical breath. It rends itself, almost retreating within the voice. And that breath pulls back more and more in the course of the reading, for she imposes silences, as she composes silences or constructs them as needed, because she accentuates the comma or even the period or the parenthesis. The voice rends and the voice expresses the rarefaction of the air as well as the abstraction of the senses, and respiration itself, mental. The abstraction of meaning and the abstract respiration that accentuates it are the agents of a reading: that will not be forgotten. The ear listens, scratched with needles, assailed by the high notes—and all the words produce high notes (imagine the sound of a saxophone, the shrill notes of a saxophone), this voice agrees with that incredible instrument. The ear retains a high note already torn within the voice that infects the reading, hence the verse, hence her composition, hence the astonished public. This is not the voice of a conclusion—never—but the voice of suspension—always. The voice doesn't halt the verse or the last word of the verse, it suspends, it sweeps forward (in the clockwork sense). It leads to the word that follows, because suspension permits regulation. The period remains open and never stops. The voice finishes nothing, it regulates the series and then another and then another. All is linked together and linked to the tempos in suspension that cut up the verses. The voice is a kind of spiral and nodes that she accentuates. This happens in a body. This is undone in a body. The voice scrapes away until it reaches the theme that it lacerates in indecision. The voice works in the same manner as the white of the page, the same as mind. She reads as if to protect *"non"* in the recitation, and in the narration, she protects the cataclysm, a syntactic effrontery. There's always—masked— *l'indiscernables* —of page 113 of *État* (with the plural). I think of the curtains filmed by Andrei Tarkovsky in *The Sacrifice* — they fill with air in the room where a sleeping child breathes in time along with curtains that swell outward, flutter, rise and fall. How such a voice decomposes the verse so as to render the claws of the down stroke and the buckles of each word. The voice gives life to the high notes of each verse. There's this urgency to speak and to unfold the full sense of a word, for example e-nig-ma, until hearing the unfolding itself, that is to say, coming into the ear in enigma and mastering the end of the word so as to render the echo of a reverberation: nig-ma. The strangeness of the slow speed stuns the public and it stuns me. It's a voice of dread that throws fear over each word read. It's a voice of blasphemy, because it's a voice at war with a retrospective that is begun again with each word pronounced. It's a voice of dread struggling with the retrospective. Dread that knows no appeasement, expressing an unforseen that knows no appeasement. A grand sense of the mise-en-scène (vocal retrospective) and a grand sense of mise-en-page (atonal retrospective) with the practice of the double-page. Dramatization of the page. Yes, the page is an opera. The mise-en-page heightens the opera, the mise-en-scène of the voice. The bookseller at Chartreuse has come across a carton filled with the original edition of Pierre Reverdy's *La Balle au bond,* printed in Marseille, 1928. I offer her a copy and later we speak of Reverdy's page, of Reverdy's double page, how it takes aim, how he galvanizes it, how he damages it, how he creates an equilibrium following an intended disequilibrium, mental seeing. As with her. She smiles when talking. Her word is always very physical and the page that she draws in front of me with her hands is very physical. Visibly, she loves the book. She also shares this practice of the double page and how the thought of the double page welcomes without distinction the poem in verse and the poem in prose. A great liberty, she says, a great easiness. She loves to find in *La Balle en bond* the word "flaque" on page 25. Indeed the word "flaque," or "puddle," so common in the work of Reverdy is the concrete image of the abyss. The abyss washes over the page and so becomes a puddle. With Anne-Marie Albiach, the abyss washes into the voice. Abyssal puddle. Abysmal voice. Abyss in the state of a puddle. The voice in the state of an abyss. The word is a body. The reading is a body. The page is a body. The page has its punctuation. The page has its layout, its horizon and its vanishing points, its borders. The words are sharp points within the torn tonality within the ear.

I meet Paul Celan in 1965 at the Royal Pantheon, a café located two steps from the Hôtel des Grands Hommes in front of the Pantheon. André du Bouchet, in a letter addressed to me, received the day before, alerts me to the protocol. They arrive together and André du Bouchet introduces me. For a moment, they speak together. Indeed, André du Bouchet prepares the line-up of a new review that's about to appear, *L'Ephémère.* The questions are of this sort: "Paul Celan for the translations of Mandelstam, you have suggested a name to me, that of Jean Blot. Do you remember? Please give me his address?" "Paul Celan, the last time we saw each other, you had spoken of a young American poet." And I hear for the first time the name of Robert Creeley. Then, after one last question, André du Bouchet takes off and leaves us alone, face to face. Very quickly, almost with urgency—Paul Celan proposes to translate him. As if the question of translation is, between ourselves, intended as a game and not necessarily a challenge. But I think it is one—a challenge. How? Because of the contexts, cross-checking, deductions. Translation always resembles a medium between us—insistently. Put otherwise, I do not possess original editions of poetry dedicated or signed. For *Atemwende* it was Gisèle who sent me a copy. I was on the list prepared by Paul Celan himself. For *Totnauberg,* Paul Celan told me: "I don't make dedications, it is already signed." He offers me—he selects— number 4, Gisèle number 9. On the other hand all the books of translation are signed in front of me, reclaimed from Gisèle's where he'd left them, and he signed these one by one after ripping off the glassine. The Russians were offered to me, dedicated and signed, also *Les Sonnets de Shakespeare,* with this word, "herzlich." In the case of Anne-Marie, there's the verse (the French language and the page or the double-page). In the case of Paul Celan, there's a mirroring and a permanence, German verse and the verse of all the other languages he translates (French, Russian, English, Italian, mainly).

In the 70s, we frequently met at my house and in a restaurant in the neighborhood La Coquille. Anne-Marie Albiach works not far away, next to the Opera and often sees her sick father, a high ranking naval engineer. These three new realities mix themselves and project themselves upon Anne-Marie's discourse as well as our dialogue. The daily work at an editorial office, her almost daily visits with her father and our luncheons prompt her to speak more intimately about her family, about her father in particular, and about her mother whom I meet much later in Neuilly during a dinner where she whispers to me in a secret voice: her father is the inventor of the double-hulled boat— which leads to her confiding that her father is the inventor of an unsinkable ship, or better, of a flawless poem, one certainly indestructible, certainly as un-assailable as it is unspeakable. Silence. She lowers her head. I often think of that scene where a confession, an avowal and its utterance, merge. Thanks to her father there can no longer be any knots, nowhere in the world, she seems to imply. She suffers saying it, for this sentence is heavy with meaning, especially the unspoken kind.

The life of Paul Celan is a life directed, vector-like, magnetized. It describes a trajectory. This life comes to an end with its geographies and locations: Czernowitz, Tours, Czernowitz, Bucharest, Vienna, Paris. And the locations of the end: the Contrescarp, the Seine, Pont Mirabeau, present in the poems, present in the books. The life of Paul Celan is a perpetual struggle against death, against time, against language. The language too is directed, aimed, magnetized. It traces out a trajectory. The language stops at its limit: the Rilkean language of the first two books, the Mallarmean language of the third, then the language of research into Low German (Plattdeutsch), Dutch or Flemish the source of Yiddish. There are two clocks: the life clock, thus one of urgency, and that of the language, which travels from the northeast toward the north. The real watch: one worn on his wrist, he would later place on the night table before throwing himself into the Seine from Pont Mirabeau.

There's the solitude of Anne Marie Albiach. There's the solitude inside Anne-Marie Albiach. Solitude must be a strength and not a weakness. This I understood from having read Rilke, and from other sources. We understood since childhood, both of us, that what solitude demands, must be mastered. We have to consider the gaze, of the child and the adolescent—that look of total insolence. Anne-Marie Albiach managed the house with great control, sometimes with great insolence and a willfulness that did not exclude disarray. A perfectly planned diner could transform itself into a disaster. One evening, Anne-Marie Albiach prepares sauerkraut. The sauerkraut of Mallarmé a Japanese guest says, sprayed with Champagne and flambé, which sets fire, to the cloth, to the table, to the living room. How many tablecloths burn during these meals, due to the candelabra that overturns, due to the matches, because Anne-Marie Albiach smokes cigarette after cigarette. Fire is there, the fire is the word and even the silence is there. The fire grows. The fire flares up and spreads. The poem burns. The verse burns. The voice burns. The voice is burnt and infected. Her elegance is an elegance that burns. There is also a will to perfection in her decision to master solitude by mastering its logistics, which she knows is impossible, given her faults and immoderation. She manages the house like a perfect governess who wishes to know everything. I love her studio where the bed is separated from that of her mother by a thin partition. They breathe practically at the same time, I imagine. This same partition separates their two beds. The mother and daughter almost side by side. This is the double hull, I imagine. A propos of solitude, it's required that the body be taken by threat. It's necessary that language be taken by threat, and that it yield. Leave nothing in order, disarticulate all. "And that which preexists or comes after writing engages the threat in a certain illusion." With the death of Anne-Marie Albiach, Claude Royet-Journoud offers me a notebook. It is undoubtedly unique because it is made from colored images, pasted and arranged by her, herself, images suggestive of the Opera. Baroque images, unusual images of the countryside, images of Madonnas, improbable images from the Middle East, photography of ruins, old Italian paintings of the Virgin, like awakening from a dream, with implosions, with rockets and smoke, and with fireworks. The word "rocket," in the baudelairian spirit, would be welcome. The first word written in the hand of Anne-Marie Albiach, written in ink is, "nature."

There's a somnolence in the voice of Paul Celan, different from that of Anne-Marie Albiach, a curtain of breath that conceals, and accentuates distress, a flood of bad humor each time that he has to read his poems. I hear effects of memory as it enters speech, at the moment when it remembers and climbs to the surface almost dragging human life with it. Somnolence, because the voice carries with it the whole of nostalgia, the weight of melancholy. A shipwrecked voice, thrusting anger under depression. In fact, memory is naturally a "camera obscura" for Paul Celan: it frames a depressive abstraction and certainly an abstraction of meaning and I think first of "Einführung" which closes his third book Sprachgitter, written in Paris where it he arrived one 14th of July, Place de la Contrescarpe, decorated with tricolor flags, 1948.

Abstraction, what is it? How does it impose itself on an artist, on a poet, to what end? What does it encode? [1] For Paul Celan memory plays a central role, for it involves the narrative mechanism and a counter-language. How then explain, that memory can only fail and itself assign the accents? Accents that include the intolerable, the unsupportable, utopia and more often its erasure, of which Wassily Kandinsky reminds Arnold Schonberg in a letter written at the birth of abstract art: the "pause" and no doubt silence or even the echo. All lies in the nature of intent and narration is the resulting organizer of a disordered abstraction—these—there manifest nonfigurative expressive ideas, non-narratives. The abstraction of point of view in a poem and a painting express relationships among tensions and lines of force in opposing lines and colors, between ideas and syntax *and* by giving impetus to rhythm, thanks to punctuation (white included) or through a stanza for example, which acts as a "*stretcher*." Wassily Kandinsky paints first of all cows in fields leaning on fences actually musicians and musical performances arranged in a space that finds its rhythm in the presence of a cobalt blue sky and green snow. How does a code—that bears the title of one of his celebrated books *Point and Line to Plane* manifest itself as such sovereign abstraction? How does a landscape with windmills where Pete Mondrian crucifies his father, crucifies his father following a repetition that insists on painting the crucifixion of the father again, how does this (the death of the father) lead to a radical concept that ends in these two great contradictory tensions: horizontal and vertical?

Two biographical elements impose themselves upon the gaze of Paul Celan [2] -- he looks at the painting, he looks at the images, he looks at Alberto Giacometti, he looks at Théodore Géricault in the National Gallery, and the horse wracked by lightning (the formula, I insist, belongs to Paul Celan himself) – *A horse frightened by lightning*, he sees the film by Andrei Tarkovski *Andreï Roublev*, he sees Z by Costa-Gravas, he insists with authority on my seeing *Les chevaux de feu* by Sergueï Paradjanov, in the Latin Quarter. All of this to affirm the image, all of the images and that two biographical elements are essential to the gaze of Paul Celan, critical considerations with regard to an abstraction of feeling. Gisèle Celan-Lestrange is an artist whom he met in Paris in 1951. She is a student of the Academy Julian. She engraves and expresses herself by means of abstraction that she transfers onto sheets of copper. She works in Montmartre at the Atelier Lacourière et Frélaut which welcomes her. She has her routines there and meets her friends there, like Zoran Music, like Micheline Catti, thus she loves the work. It's not unusual to see two men talking, waiting for two women: Paul Celan and Gherasim Luca. Gisèle Lestrange-Celan and Micheline Catti. As soon as she purchases the apartment on the fifth floor, Rue Longchamp near the Trocadero, Paul Celan convinces her to install her studio in the rooms overlooking the courtyard chiefly to preview prints before taking them to the engraving workshop in a proof state and so ascertain the quality of the transfer of the engraving to the printed image. Paul Celan is there. He looks, he discovers the abstraction of Gisèle or more exactly the abstraction of the poem that Gisèle represents in quality of abstraction. He is critical. He is always watchful. He shows his admiration and always encourages her to continue. To the very end. Because the engraving is a mirror. When he discovers Giséle's engraved printing used as the frontispiece of *Monde à quatre verbes* (radical and signaling not a rupture but an alteration), he is more than astonished and admiring, but he's also taken aback and says so. The quality of abstraction for Paul Celan conforms itself to that of Gisèle Celan-Lestrange. To understand this I invite the reader to read two books that were published together, *Atemkristall* and *Schwarzmaut* by Robert Altman of Brunidor, now reprinted in part by Suhrkamp. I also invite the reader to read or to reread *Le Méridien*. I invite the reader to reflect again on the engraved threads of Gisèle Celan-Lestrange and on the presence of threads in Celan's book entitled *Fadensonnen.*

The second biographical element is named Nicolas de Staël: another brother of the heart, another brother in thought, after Ossip Mandelstam, after Franz Kafka. He looks at the complicated abstraction, at times hesitantly, because abstraction—here—springs from dislocated figuration (identifiable as the abstraction that imposes itself from *Les Toits* to *Les Footballeurs)* to a pure abstraction including the last incomplete canvas representing a grand piano and a double bass: here stirs an abstraction that flies, glides and floats—almost mythical. Paul Celan observes and exults. He knows that Nicolas de Staël has exchanged the paintbrush for a knife. And the knife gages thicknesses, exposes abstract forms, surfaces, the movement of surfaces. Each application of impasto is alive and a work in itself. This second biographical element (Nicolas de Staël following that of Gisèle) is a second "camera obscura." The abstract image intervenes in the thought of the verse and its abstraction.

Why not advance the idea of a rocket with respect to Celanian poetics?

- Jean Daive

Notes :

1.

The subject here is my wish to define abstraction from its first year that is 1910. Kandinsky already had an entire structure and an entire vocabulary. He knew that all the forms of his expressivity should hold together thanks to a black arc, for example. The word "arc" I have replaced with "stretcher" more simply expressive and literally expressive. Everyone finds his stretcher.

Kandinsky with his black arc and Paul Celan with nothing but a verse or a couple of strophes of three lines that serve as a signature. I wanted to define abstraction so that the reader understands well enough or understands better by taking the example of the arc. For what did abstraction serve in 1910? Abstraction serves for rethinking narrative and to lead by the savagery of its disorder not only to another narration but to a counter narration. That's exactly Paul Celan's problem, to use the German language not only for itself but as a counter-language. By writing in German he goes to the very ground of its possibilities and including the Yiddish found in Plattdeutsch. Counter-narration, counter-language, counter-logic. It's necessary to imagine the "no" that authorizes the "counter-refusal." It's necessary to imagine the place that witness can take then in the perspective of counter-denial and counter-language.

2.

Paul Celan is the principal subject but so is the area in which he was born, Czernowitz, in 1920, ancient Bucovina, then suffering from the effects of the first world war and dissolution of the Austro-Hungarian Empire. I insist. And why do I insist? It's necessary to possess the means of understanding languages, all the languages spoken in a place like Czernowitz. All the Germanic languages including Plattdeutsch. It's necessary to understand Ukrainian, Romanian, Check, Russian, Polish, Yiddish with its accents. I went there to hear all of these languages. Those Paul Celan had in his head, in his ears, in his voice during childhood, during adolescence and throughout the time that he spent in the work camp. The accent, remember, is always very much present in *Le Méridien*, and I would say that Paul Celan is a poet of accents. I'm not referencing a university text on the history of Yiddish. My subject is Paul Celan, his approach to the German language, which he used in his books of 1965-1970. After *Sprachgitter* he no longer wrote only in the language of the executioners, as he writes himself in a letter, but in a different German. I wish to write on the experience of Celanian language. But the breadth of influences needs charting and my observation stems from experience of the Celanian language, because I remember a crucial meeting that took place on my first trip to the United States, in New York. I want to meet Robert Rauschenberg and John Ashbery. And quite soon I met John Ashbery and immediately addressed this question to him: "Why did you come to France?" He replied at once: "Because I wanted to hear the French language in Paris and see the blue sky of the Ile de France from Chartres." I can therefor testify to the multitude of accents involving all these types of dialects formidably mixed together and which would resonate with Paul Celan between 1920 and 1948 in a strange way. And which later introduce themselves in the form of a "keyboard." Why strange? I met him in 1965. At which point he has five years left to live. He remained, as he stated, completely himself but he was totally crushed by the Goll affair, by a malady surpassing this which demands that he live hospitalized, internments, the rupture with Gisèle—it is looming, it will come to pass. Paul Celan is a poet, but of an unusual sort. He is at the same time a tireless translator. Translating ceaselessly, and beyond this he is also a tracker of Nazis. He denounces, he tracks. He makes public denouncements. There is a desperation growing on the side of the Rue d'Ulm, in the **Ecole Normale Supérieure**, and in the class where he reads aloud, where he receives people, where we do the translations. The classroom where he teaches isn't very far from the Contrescarpe which he especially loves and which is also close to the studio on the Rue Tournefort. He transforms this hill into an area of active resistance, I would even say that he made it the locus of a "camera obscura" wherein he recomposes the German language out of what he'd heard in his head. Primarily a German that is heading in the direction of Plattdeutsch in order to retrieve Yiddish accents and those of Dutch and Flemish. One might ask "what is Flemish doing in this history?" I write "source of Yiddish," but this hardly means a source alluded to in a university textbook; instead it reveals itself within, allowing him to write the poems of his last books. After du Bouchet leaves our first meeting, Paul Celan tells me that du Bouchet translates *Finnegan's Wake,* or at least the first few pages, difficult because Joyce mixes in all languages or words from any number of languages which remind him of the language spoken in Dublin, and I answer this (because I know James Joyce thanks to my Greek and Latin professor, who gave me a copy of *Ulysses*): "Yes Joyce spent a whole summer with his family in Ostend. He spent a summer listening to the crowd, hearing the crowd speak, listening to Flemish language in the mouths of the Flemish, also hearing Dutch spoken. Joyce took many notes and they inspired the Fall of Man on the staircase which is the summit of his most unuterable gutteral. These words whether Flemish or Dutch, or these Yiddish accents or of those of Plattdeutsch give the sonorities which are heard or the thunder or the fall of the first man." And Paul Celan responds: "I'm there myself." These reports are unpublished. And even these avowals. Nevertheless it is necessary to solicit a re-reading of Paul Celan's *Meridian,* and also of *The Meridian* edited by Bernard Böschenstein, published by Stanford University Press. It is also necessary to invite you on a voyage; go you to Czernowitz.

Translated by Julian Kabza, Donald Wellman, Abigail Lang et al.

Earth Ergon, Reading Celan with Derrida at Hand

by *D O N A L D   W E L L M A N*

With respect to the poem, painting, or any terrain, the edge or border can be said to face both inwardly and outwardly. Inside and outside combine to form a wavering meridian. The first task here will be an attentive reading of Jacques Derrida's "Shibboleth." This reading will constitute a framing and edging toward my recent poetry, *Roman Exercises*, work that begins with advice from Virgil on beekeeping and includes a meditation on the Honeycomb Cluster in Orion's belt. Here, immediately below, is a fragment from my notebook that embeds recognizable acts of translation:

> Ash aura:
> she stabbed her dad
> for arguing about the stars.
> Shattered and knotted hands at the triangle
> of his shoulders and head
> A ram lay under Orion's feet.
> Shofar of rasping
> awe.

Swirling, uncanny conjunctions mark the poem as it descends into silence or entropy. What crashes to earth is likened to a meteor or chariot pulled by plunging horses.

Unlike a meteor, a translation is often expected to render a smooth or accurate transcription of the original, even when the original carries within it disjointed neologisms. Often the translator normalizes the run of images and vibrations so as to allow the reader to feel that he or she is in the hands of a competent wordsmith. I prefer to expose vulnerabilities. I honor the translation that resists normalization—that way lies dead and charred surfaces. The paragraphs that follow began with an incidental promise to read a friend's translations of selected poems by Paul Celan. That promise has led me to a careful reading of Derrida's *Sovereignties,* especially "Shibboleth."

Derrida on Celan

"Shibboleth" treats cited dates in several of Celan's poems. First among these poems is "In Eins" ("Once," "At Once"). What one-time, all at-once, never to be repeated unity does the poet propose to address, Derrida asks? He points out that every "once" has multiple anniversaries. "Feb. 13," reads the first line, "Dreizehnter Feber. Im Herzmund." A certain February 12, 1934, coincidentally, is the date of a massive demonstration by the Popular Front in Paris. Language within "In Eins" also supports an association with the resistance to fascism in Madrid, *no passaran,* 18 July 1936. A politically significant cipher or code may have been encrypted within these dates. Associations with political resistance run through Paris, Vienna, Madrid, among other sites. Derrida suggests that Feb. 13, 1962 may be the date of the poem, of its composition. He argues that the use of multiple historical and deeply embedded personal associations make the poem in several senses "untranslatable."

What meanings does "Herzmund" (heart mouth) hold other than serving to instantiate a cue for deeply felt, but entirely subjective emotions, I ask? Another index of untranslatability, the poem employs four languages and one dialectical idiom. "Feber" is an Austrian form of "Februar" (February). "Everything seems, in principle, *de jure,* translatable, except for the marks of the differences among the languages" (29).

One is Hebrew, "shibboleth" –a word that can be understood as a watchword or password, found in the Old Testament and used to identify Ephraimite soldiers who sought to flee across the Jordan. Those unable to enunciate the "sh" sound of *shibboleth* met with tragic consequences.

In pursuing this analysis further, Derrida points out that "shibboleth" also serves as the title of an earlier poem of Celan's, one that cites similar dates to those found in "In Eins." For Celan dates are turning-points, echoes, abyssal apperceptions on a brink or margin where being and otherness are suspended.

The "date," as a mark of deep conjunctions and schisms or cuts, is also the theme of Celan's "Meridian" address (October 22, 1960). There different embodiments of the absurd or the strange *(geheimnis)* stage Celan's understanding of poetry. Following Georg Büchner, upon receipt of the medal offered in Büchner's honor, Celan posits in all seriousness that poetry is a monkey or an automaton. Derrida supplements Celan's address to the historical uniqueness of dates or "time" by reflecting on Martin Heidegger's linkage of being and time, examining the question of why Heidegger attends to the particular historical moment in which Being manifests itself. In this Heidegger eschews abstraction and metaphysics. This unavoidable linkage or synchrony between Heidegger's thought and Celan's poetics is deeply complicated by distaste, even embarrassment or shame on Celan's part because of Heidegger's Nazism. Heidegger was present in the audience on that day. That recognition of compromise was a contributing factor to Celan's suicidal depression. Is it possible to feel one's way, for a poet, a reader, or a translator to feel a way, or any passage, through such complexities? Celan's poetry is a record of feeling gestures, serial poems unlike any traditionally conceived lyric suite.

[I look out my window. It's snowing again. I cannot shake this coldness, a mortal agitation. Melancholy as I understand it is a failure to mourn sufficiently, a failure to allow mourning to do its therapeutic work.]

Radicalizing and generalizing without artifice, Derrida claims that poetic writing offers itself up, through and through, to dating. Dating in this sense will serve as one of several anchor points or *topoi* upon which the poem depends. Celan's Bremen address recalls this: the poem is underway from a place toward 'something that stands open' ('an addressable you'); and as it makes its way 'through' time, it is never 'timeless.' In the poem instead there is the cipher of singularity, which opens onto, which recalls place, opening and recalling time, at the risk of losing them in the holocaustic generality of return and in the readability of the concept, in the anniversary repetition of the unrepeatable. Wherever a signature has cut into an idiom, leaving in language the trace of an incision, the memory of an incision *at once* unique and iterable, cryptic and readable, there is date. Not *the* absolute date; there is none, no more than there is an 'absolute poem'; but something of the date, the madness of 'when,' the *wann / Wahnsinn,* the unthinkable *Einmal,* the terrifying ambiguity of the *shibboleth,* sign of belonging and threat of discrimination, indiscernible discernment between alliance and war (47-48).

Derrida's phrase, 'the madness of the date' arises as a result of uncanny or absurd serendipity, an enigma crucial to the poem, "Wahnsinn" ("Madness"). The date induces madness, "the delirious sense of *wann [when].* The madness of homophony *(Wahn / wann)* is not a play on words… (38). It is a perception of an alien, uncanny horizon.

In "Huhediblu" similar punning concretions occur: "Wann, wannwann, / Wahnwann, ja Wahn, -- / Bruder." Celan's language seeks to capture the signal and one-time irruption of the strange and absurd into mental space, as felt by a person who addresses a brother. A date occurs on one side of a horizon, it may be the circumcision that confirms identity to a brother Jew. The concept of "the circumcision of the word" is central to Derrida's presentation of Celan's poetics. In sum, the poem is offered as impossible language for a difficult or traumatic event. The possibility of "witnessing for the witness" is an agony that affects the writing about feelings known to only the witness, "the brother." Derrida proposes to configure the poem as the thoughts elicited in witnessing a report made by a first witness. The poet stands at second remove from an event that, impossibly, in an unanchored way, he is compelled to interiorize.

Derrida: The addressee of the testimony, the witness of the witness, does not see what the first witness says she or he saw; the addressee did not see it and never will see it. This direct or immediate non-access of the addressee to the subject of the testimony is what marks the absence of this "witness of the witness" to the thing itself. Ab-sence is essential. It is connected to the speech or the mark of the testimony to the extent that speech can be disassociated from what it is witness to: for the witness is not *present* either, of course, presently present, to what is recalled. not present to it in the mode of perception. Celan to the extent that he bears witness, at the moment when he bears witness, is no longer present to what he says he was present to, to what he says he perceived; he is no longer present, even if he says he is present, presently present, here and now, through what is called, memory articulated in a language that re-inscribes his having-been present (76). For all that he may be present in his words. That's his art.

Excursus

In *The Unmemntioable,* Erín Moure evokes the role of language in determining the national identity of villagers based on how they pronounce the word for bread, either with Ukrainian inflection or Polish. The Polish village in which the poet hopes to inter the ashes of her mother has been obliterated with the establishment of a new border after World War II.

Antonio Gamoneda is a witness to the horrors of fascist depredations during the Spanish Civil War. His poetry can be understood as a sorting through acts of witness to which he is no longer present but whose emotional effects remain. His music embodies a truth that cannot quite be grasped by Gamoneda's readers and translators. Assessing knowledge as if the only truth were bestial, the childhood trauma of the reader intervenes. Is the poem addressed to memory or to this other, or perhaps to a future self, who must be led to feel something beyond quotidian emotions? Or has terror become quotidian, especially among witnesses and survivors?

Continuation

I return to my reading of *Sovereignties in Question* on a certain January 6 (and there have been revisions since and it is even a week or a year later now). The snow lay deep at my door on this particular Holy Day marking the Circumcision of the infant Jesus, or so we are told.

I am uncertain how to retrace my tracings. Following Hans Georg Gadamer's hermeneutical reading of Celan's poetry in the ssay "Rams," Derrida underscores two key words: "welt" or "world" and "tragen" or "carry." He meditates upon "the different senses of the last line of the poem, "Grosse, glühende Wölbung" ("Vast, Glowing, Vault"), which reads, "Die Welt ist forte, ich muß dich tragen" ("The world is away [or distant], I must carry you"). For Derrida, three different and relevant senses of "world" are to be found in Heidegger's thesis of the three worlds: "weltlos" or "worldless" like rocks, "weltarm" or " world poor " as are animals, and "welt bildend" or "world building" as is the case of humans. Derrida holds that Celan's use of "world" requires a rethinking of the world as something both far off or at a distance and carried, exterior to the body and yet also interiorized by the body (162).

The notion of interiorization is derived from Edmund Husserl's phenomenology. What is the meaning of "world" to me, to the individual, given my survival of its annihilation? How is it yet carried? "But I can no longer carry the other or you, if *to carry* means to include in oneself, in the intuition of one's own egological consciousness. It's a question of carrying without appropriating to oneself." In this context, "carry" now means "to bear" or "carry oneself" with respect to the "infinite inappropriability of the other, toward the encounter with its absolute transcendence in the very inside of me, that is to say, in me outside of me…this strange, dislocated bearing of the infinitely other in me" (161). The sense of "carrying" that most interests Derrida derives from Freud, "According to Freud, mourning consists in carrying the other in the self. There is no longer any world; instead [there is] introjection, interiorization of remembrance *(Erinnerung),* and idealization"(160). Melancholy is a partial interiorization. The necessity for healing after grief is to forget; a postmodern non-Freudian, melancholy becomes the agent of forgetting. Carrying and bearing are central to these different senses of "world." Any reading of Celan must be a multi-sourced reading. One sense of "carry" is "to carry a child." The first sense of "carry" is "to bear." There is no pure or uncontaminated reading of the text. There are no purely transcendent texts, no matter the multiplicity of immanent strands.

GROSSE, GLÜHENDE WÖLBUNG
mit dem sich
hinaus- und hinweg-
wühlenden Schwarzgestirn-
Schwarm:

der verkieselten Stirn eines Widders
brenn ich dies Bild ein, zwischen
die Hörne, darin,
im Gesang der Windungen, das
Mark der geronnenen
Herzmeere schwillt.

Wo-
gegen
rennt er mich an?

Die Welt ist forte, ich muß dich tragen.

VAST, GLOWING VAULT
with the swarm of
black stars-
pushing them-
selves out and away:

onto a ram's silicified forehead
I brand this image, between
the horns, in which,
in the song of the whorls, the
marrow of melted
heart-oceans swells.

In-
to what
does he not charge?

The world is gone. I must carry you.

Tr. Michael Hamburger

In the first pages of "Rams" Derrida discusses punctuation and the use of assonance in the poem. There is much of immediacy that he doesn't address. The ram's horn or shofar is a whorled instrument, he remembers, but beyond this is the swarming stars of the night sky, the ram dispersing the stars with the thrust of his charge. The image between his horns is a simulacrum not congruent with the "world" that the poet carries, but an emblem. My grasp remains visceral and interstellar, not better or closer to a presumed literality: burrowing, swarming, churning, figures of diastole in the tides of the heart-sea.

IMMENSE, GLOWING, DOME
where burrowing stars
swarm
in- and out-

I burn into a ram's silicified
brow
this image, between
horns, where,
in the song of the windings, the
churning marrow
swells heart seas.

Where-
to
does he not run?

The world is gone, I must carry you.

Tr. Donald Wellman

Derrida summarizes Gadamer's most distinctive argument this way: "The poem no doubt is the only place propitious to the experience of language, that is to say, of an idiom that forever defies translation and therefore demands a translation that will do the impossible, make the impossible possible in an unheard-of event." (137). [See also Gadamer's "Reading is Like Translation" ("Lesen is wie Übersetzen," *Gesammelte Werke,* 8:279-85)]. Gadamer's title captures the intended sense of my essay below, "Surface [truncated]. I am asking you now to translate the different degrees of intentionality that lie within this present text with its multiple borrowings or citations.

Majesties

In *Introduction to Metaphysics,* Heidegger asks "Why is there being? What is the ground of being?" Derrida summarizes further, "Heidegger asks himself whether this ground is an originary ground *(Urgrund)* or whether this originary ground refuses all grounding and becomes *Abgrund,* or a grounding that is not one, an appearance of ground, *Schein von Abgründung, Unground*" (130). In 1967, Celan visited Heidegger in Freiburg. Two years later Celan committed suicide. Others have translated "Abgrund" as "abyss."

In Derrida's essay, "Majesties," Celan's "Meridian" is the subject: ""we can now come ... to the moment of the itinerary where Celan has just evoked stepping outside the human ("ein Hinaustreten aus dem Menschlichen") and the movement that consists in entering a realm that turns toward the human its uncanny face, revealing three appearances of art: the automata, the figure of the monkey, the Medusa's head; this moment of stepping outside the human must be set next to that which, previously, had let it be understood that ... poetry was this homage given to the majesty of the Absurd in so far as it bears witness to the present or the now of the human ("für die Gegenwart des Menschlichen zeugenden Majestät des Absurden")" (129).

These cynical gestures toward the limited possibilities of art: monkey, marionettes (automatons), and Medusa are to be found in Büchner's *Lenz* and *Danton's Death.* What does it mean "to step outside the human"? "Meridian"is Celan's answer upon receiving the Büchner Prize.

[I refer now to Celan's text. Is that "uncanny face" the face of a simulacrum or a petrifaction? Why does Celan invoke "shrinking," face to face with the Medusa, a shrinking of her head as if it were a boiled and preserved New Guinea trophy ("vielleicht shrumpft gerade hier das Medusen haupt"), I ask?]

In Derrida's reading of "Meridian," the structures or paths of a poem form a series of steps. "…approaches, not to an essence, but to a movement, to a path and a step, to a direction, to a turning in the direction of a step, as to a turning in the breath itself (129). Process prevails over the vision, is vision. I am not entirely sure. The perception of the enigma is a condition for the terrifying gasp, the terminal music where the poem steps off the page. "Atemwende," "a turning of the breath," in addition to its use in the "Meridian," is the title of one of Celan's collections of poetry.

Pierre Joris translates the relevant passages from the "Meridian": "Poetry, that can mean an *Atemwende,* a breathturn. Who knows, perhaps poetry travels this route—also the route of art—for the sake of such a breathturn? Perhaps it will succeed, as the strange, I mean the abyss *and* the Medusa's head, the abyss and the automatons, seem to lie in one direction—perhaps it will succeed here to differentiate between strange and strange. … Perhaps here, with the I—with the estranged I set free *here* and *in this manner*—perhaps here a further other is set free?" (7)

I have truncated the passage in order to clarify the concept of going a step outside, beyond conventional art or poetry and thereby coming to a position that faces the abyss *(abgrund),* a trope I associate with Romantic poetry, a poetry that is no longer possible after Auschwitz, as Theodore Adorn insisted. The position before the abyss or *aporia* operates on a second level in creating awareness of an interiorized strangeness. Strangeness faces interiorized strangeness at the edge of the abyss. Whose face is seen there? Then at a third remove of recognition "a further other is set free." These words, as rendered by Joris, isolate the quality that has most instigated my approach to the immanent, routing myself through passages that constitute material, time-bound occasions in order access a "further other." The breathturn is the very pith or heart that defines poetry as poetry in its passage through compressed lines and words, a breathturn in the heart mouth ("Herzmund").

Of particular interest in Joris' decision to render the neologism, "Atemwende," as "breathturn" brings Celan's poetics of the compound noun over into English. This decision retains the otherness of the original, inescapably reminding the reader that the translator is working with multiple tongues. An untranslatable phrase has now become part of the koiné of the receiving language. It draws attention to itself, helpfully resisting normalization. For the latter reason, so it would seem, Celan too invoked multiple languages, including the Spanish, *no passaran,* in "In Eins" and "Shibboleth." The concept of a "Breathturn" encompasses both psychological shifts with respect to perception or recognition and the crucial turning of the breath that distinguishes Celan's prosody as he moves from the end of one line to the next or as he moves between verses. "Breathturn" unifies perception and breath in a way that also drives the breath-based poetics of Charles Olson and Robert Creeley.

Soon after the above passage from "Meridian," Celan again invokes the abyss. The "edge" that situates poet and reader at a place that seems to whelm up out of the concepts evoked by the language of the poem. "—after so many extreme formulations, permit me this one too—the poem stands fast at the edge of itself; it calls and brings itself, in order to be able to exist, ceaselessly back from its already-no-longer into its always still" (8). The poem poised between two modes of perception is subject to a dynamic tension that allows a sense of balance or proportion; the possibility for poetry lies both in going beyond the edge of the abyss and in turning one's face inward, rendering the poet as between two abysses, grasping a third, which is to be found only in the poem, as handhold.

Language is Never Owned

The text of Derrida's "Language is Never Owned," also from *Sovereignties*, is an interview with Évelyne Grossman. The subject is Celan's adoption of German, not his first language, for literary purposes. "German was the privileged site for his writing and signing his poetry"(100). Derrida examines the concept of "dwelling poetically," a phrase of Hölderlin's, also addressed by Heidegger. What does it mean, "'inhabiting a language' where one knows both that there is no home and that one cannot appropriate a language …"? The interviewer invokes the concept of "a 'migrant' language" and Derrida continues, "Exactly! He was a migrant himself, and he marked in the thematics of his poetry, the movement of crossing borders, as in the poem, 'Shibboleth.'…the paradigm of the painful migration of our time" (100). In Joris's *Nomadic Poetics* I find the assertion that "A nomadic poetics will cross languages, not just translate, but write in all or any of them." This is a lesson learned from Celan.

Poetics and Politics of Witnessing

The essay "Poetics and Politics of Witnessing" is the second in the collection, *Sovereignties in Question*. It is a deconstructive reading of "Aschenglorie," a poem that contains the remarkable final line "Niemand / zeugt für den / Zeugen" [No one / bears witness / for the witness]. Derrida writes "What matters most is the strange limit between what can and cannot be determined or decided in *this poem's bearing witness to bearing witness. For this poem says something about bearing witness. It bears witness to it. Now in this bearing witness to bearing witness, in this apparent meta-witnessing, a certain limit makes meta-witnessing—that is absolute witnessing—at the same time possible and impossible" (70).

ASCHENGLORIE hinter
deinen erschüttert-verknoteten
Händen am Dreiweg.

Pontisches Einstmals: hier,
ein Tropfen,
auf
dem ertrunkenen Ruderblatt,
tief
im versteinerten Schwur,
rauscht es auf.

(Auf dem senkrechten
Atemseil, damals,
höher als oben,

ASH-AURA behind
your shaken-knotted
hands on threefold.

Pontic once, here,
a droplet,
on
the drunken oar-blade,
deep
in oath turned stone,
it rushes up.

(From the upright
breath-rope, then,
higher than above,

zwischen zwei Schmerzknoten, während
  der blanke Tatarenmond zu uns
heraufklomm,
  grub ich mich in dich und in dich.)

Aschen-
glorie hinter
euch Dreiweg-
Händen.

Das vor euch, vom Osten her, Hin-
gewürfelte, furchtbar.

Niemand
zeugt für den
Zeugen.

between two pain-knots, while
the naked Tartar moon clambered
toward us,
I entombed me in you and in you.)

Ash-
aura behind
you threefold-
hands.

Before you, from the East thrown,
here, frightful.

No one
testifies for the
witness.

Translated by Donald Wellman

In choosing not to employ a phrase like "to bear witness" in my translation, I have lost the ability to repeat the sound of "zeugen" in its various phonetic and grammatical forms. Is there a sense of "bear" or "carry" in English that I am missing? I think not. Is there a sense of "wit" as knowledge that applies to German as it does to English? Not that I know. "Witzig" is "funny" or "foolish." I like both "testify" and "witness" in English, solid legs.

More puzzling is "Dreiweg." Considered from a perspective similar to that position "at the edge of the poem" described by Celan in "Meridian," it may refer to the need to stand outside in order to complete an impossible journey, to take a point of view beyond "inside" and "outside," to look upon the margin from a third space and thereby illuminate interior space? I am reminded of Leibniz's monodology and of my desire to understand folded space as it applies to poetry. The ability to comprehend all possible perspectives is a godly power, not human. Odysseus the survivor had to go to the underworld in order to return. Is it survival that makes witnessing impossible for individual humans? Or "Dreiweg" may simply refer to the palm raised, 3 fingers locked between thumb and little finger as in some salutes used for oath taking.

The question of bearing witness is crucial to my translations from the poetry of Antonio Gamoneda; he often revisits the sites of certain memories in order to better capture a feeling that is impossible to fully relive in its original traumatic insistence. In "Aschen-Glorie,"the poet apparently has been thrown like a discus or missile into the here and now by way of the East that lies behind him. Like Odysseus, he is no man, the no man or the un-man who speaks.

I cannot shake myself free of a sense of an iconographicity as if there were a holy person or a shaman at a crossroads who represents the difficult three fold joining of life, death, and birth. Inclusion of a vertical axis transforms the crossroads from a planar, or horizontal scaling, into one that embraces the afterlife as a form of "glory" or "aura," a being or entity carried within or entombed in the poet, to whom the poet is about to give birth. I imagine a halo here as well as a cloud of ashes. At the same time, reading Derrida severely infests my ability to read on my own. Reading has become a collaborative experience. My logic skitters. And yet I feel a glimmer of something I can't put into words. Is it possible to construe the subject of the poem (differentiating "subject" from "topic") as the listener, addressee, or reader? In that sense the line "no one / testifies for the / witness," begins to read in a way that is congruent with Jack Spicer's "No one listens to poetry."

Circumcision

I project my supplement by referring to the last pages of Derrida's, "Shibboleth."

"If the word circumcision appears rarely in its literality, other than in connection with circumcision of the word, by contrast, the tropic of circumcision disposes cuts, caesuras, ciphered alliances, and wounded rings throughout the text. The wound, the very experience of reading, is universal. It is tied to both the differential marks and the destination of language: the inaccessibility of the other returns there in the same, dates and sets turning the ring. To say 'all poets are Jews' is to state something that marks and annuls the marks of a circumcision" (54). Are not all readers then also Jews?

[My essay "Notebooks: Williams, Césaire" begins with a citation to Jean-Francois Lyotard's *Heidegger and the "jews."* I employ the concept of a foreclosed trauma that now, at this writing, has come to have the name of "circumcision," circumcision being the mark of an originary trauma to which I cannot bear witness although its effects haunt me. One topic of "Notebooks" is William Carlos Williams and cultural hybridity. It would be of interest to know Williams' views on circumcision, an operation that he presumably performed on numerous male infants, many from immigrant families. I am also familiar with a work by Emilio Prados entitled *Circuncisión del sueño,* the circumcision of the dream, by the dream, in the dream, to the dream, the circumcision of the poet recovered in composition.]

I am drawn to the figure of the wound, understood as the cite of circumcision. I associate it with my father's smoke-stained teeth, the yellow tartar (dental calculus), not the Tartar of Celan's oriental moon. To experience the sublime is to hang, as it were, over the edge of the abyss. My entry into this set of reflections is by way of my translation of Celan's "Weggebeizt" from *Atemwende.* Close to my immediate concern as a poet, especially in *Roman Exercises,* is the conjunction of the honeycomb and the abyss.

WEGGEBEIZT vom
Strahlenwind deiner Spräche
das bunte Gerede des An-
erlebten –das hundert-
zungige Mein-
gedicht, das Genicht.

Aus-
gewirbelt,
Frei
den Weg durch den menschen-
gestaltigen Schnee,
den Büsserschnee, zu
den gastlichen
Gletscherstuben und –tischen.

Tief
in der Zeitenschrunde,
beim
Wabeneis
wartet, ein Atemkristall,
dein unumstössliches
Zeugnis.

EATEN AWAY by
radioactive wind from your speech
the confused talk of worn-out
experience –the hundred-
tongued me-
poem, the denial.

Out
whirled,
free
the way through human-
oid snow,
penitent's snow, to
cozy
glacier rooms and tables.

Deep
in the timefissure,
alongside
honeycomb ice
waits, a breath crystal,
your unshakeable
witness.

Translated by Donald Wellman

Supplement

I had proposed, when I began this project, to undertake a review of a selected volume of translations of Celan's poetry into English by Susan H. Gillespie, *Corona: Selected Poems of Paul Celan.* I have travelled a long way through Derrida's *Sovereignties,* through deconstruction and phenomenology, before addressing this instigation. Reading her work and comparing it with the work of many others, I became newly engaged with the kenning-like neologisms that Celan often employs. These constructions are also found in the poetry Yvan Goll, a figure of some fascination to me because of anecdotes that affected my childhood. One of the men who helped to awaken in me an instinct for poetry met Claire and Yvan Goll when he traveled to the Gaspé sometime during World War II. My friend may have been seduced by Claire, but that is not relevant now. She showed him manuscript versions of poems by Rilke addressed to her as well as some drawings by Marc Chagall. She is reviled today for having played a lethal role in Celan's suicidal depression. She states as much in her autobiography.

As for the poetry of both Celan and Goll, my particular interest is the use of figures like the kenning or other neologisms. These constructs pose challenging instances of untranslatability. Concision and semantics combine to form the crux of what is untranslatable, and at a level deeper than puns or sound rhymes. The combinatory logic that links paired nouns is difficult to grasp or articulate. "Zeitenschrunde," for instance, is composed of roots that individually suggest a concept in English that could be expressed as "time" + "crack." The latter term "Schrunde" has primary connotations that indicate cracks in the skin, symptomatic of various forms of dermatitis. By metaphoric extension it can invoke a fissure in the landscape. John Felstiner translates the phrase as "time crevasse," Michael Hamburger as "Time's crevasse," Gillespie as "time's / cleft," creating an actual cleft in the lineation, a practice of division common elsewhere in Celan, but the fused form of the phrase is symptomatic rather than precise. Whether or not one capitalizes "time" is also crucial.

Capitalization is normative in German. It is often customary if the word is the first in a line of English poetry, but also, in some usages, indicative of metaphysical concepts indicating universal or otherwise high levels of abstraction. In my own translation practice, decisions as to word choice, degree of abstraction, and lineation like these are in dialog with one another. I also tend to be slavish with respect to the punctuation, lineation, and use of caesura employed in the original.

Each translator of Celan into English is compelled to read the many other translators who do similar work if only to examine the margins of uncertainty that underlie any translation. Conations also differ often from lexical meaning: "Strahlenwind," "radiant wind," as Felstiner has it, or "raywind" in Gillespie. Joris, in the just released *Breathturn into Timestead* has it as "beamwind," the context clarifies that by "beam" a light beam is meant, capturing the metaphoric quality of light sweeping a landscape, but here that landscape is associated with "speech" in the original and in all translations, though I have used "talk" in my translation. The translator's task is to assemble German nouns that are not themselves normally found in the German lexicon into noun phrases or compound nouns with some indication of conceptual integrity. I like to think that my work is aspires to a high degree of literality and that I eschew introducing metaphors of my own manufacture. In this case, I chose to use an adjective-noun pair, "radioactive wind" because it can be read without torturing English, without introducing unnecessary strangeness. But, you already understand that strangeness is necessary to art and poetry at multiple levels, especially if one hopes to carry the mood of Celan's inventive and extremely concise language from German to English. In polishing the matter too assiduously, its integrity may be lost.

To look briefly at an example of a coinage that draws on absent associations rather than kenning-like compound noun phrases. Translators beginning with Michael Hamburger have translated the neologism that ends the first stanza of "Weggebeizt," "Genicht" as "noem," that is "no" + "poem," elided. A move on Hamburger's part too brilliant not to be followed, possibly.

I chose to be pedestrian here with respect to "Genicht." Doing this I hear something akin to a visceral nay saying instead of "noem" or "no poem." Hambruger's inspiration seems to have become the standard translation.

[The trope of "honeycomb ice" in the final stanza links to my title for this essay "Earth Ergon," a phrase that reflects my use of tropes borrowed from Virgil's *Georgics* as the backbone or stem of my suite of poems, "Roman Exercises." Do "Roman" and "roaming" constitute a nomadic path?]

Susan H. Gillespie, *Corona: Selected Poems of Paul Celan*

In Gillespie's book, I find sympathetic translations of the poems crucial to Derrida's reading of Celan as I have attempted to present it here. Her work addresses different perspectives on "Shibboleth" and "In Eins." Both poems remain highly enigmatic in English and incite unresolved reflection as they should. There are useful notes to Celan's historical sources, but I do not find oft cited poems like "Todesfugue" or "Aschenglorie." Clearly, this selection reflects the translator's tastes and does not aim to be a comprehensive introduction to Celan's accomplishments. I find a rueful and sacred eroticism, rewriting an aspect of the Psalm of Psalms in "Psalm" from *Die Niemandsrose:*

With
the pistil soul-bright
the stamen heaven-ravaged,
the corolla red
from the purple word that we sang
over, o over
the thorn. (57)

I give only the English to enhance Gillespie's lyric gift without forcing comparison. Her book is, however, bilingual. A reading less bifurcated than that offered by a bilingual text can aid concentration on the translator's feeling for the whole of the poem, so in this instance I have quoted only Gillespie's English.

A reading that pays obsessive attention to the language in which the poem is originally composed may contrariwise be transformative and for such purposes bilingual texts have become essential. There are large issues here. I am delighted by the last issue of the journal *Mandorla* where poems in both English and Spanish are presented without translation, in the expectation that the bilingual reader will find pleasure in the collocations presented without interpretation. Here is one more example of Gillespie's work from *Corona* :

ALL THE SLEEP SHAPES, crystalline,
that you assumed
in the shadow of speech,

to them
I deliver my blood,

the image-lines, those
I should recoup
in the slit veins of my
cognition—

my grief, I see it,
slips over you. (213)

The emotions that foreshadow suicide are here, but it is a grief indistinguishable from caring and tender loving. Depression is treated as a lover, suicide as love-making. I would return to Freud and Derrida on melancholy and question the grief that fails to achieve successful or therapeutic introjection. "Deliver" is a word used in birthing. It is also used in making speeches like Celan's "Meridian" or in sending letters. The German that Gillespie here translates reads "ihnen / fürh ich mein Blut zu" –the translation of the separable verb "zuführen" could have been "supply" or "send" or "guide" or even "train" in the sense of "lead." "Deliver" is resonant with each of these senses and also with "salvation." Beyond those difficult choices, her female perspective on Celan's work proves to be highly evocative of meanings not otherwise readily caught.

The Truth that Wounds.

The concluding "chapter" of *Sovereignties* is also from an Interview with Évelyne Grossman. "One can inventory a multiplicity of meanings in a text, in a poem, in a word, but there will always be an excess that is not of the order of meaning, that is not just another meaning. There is, first off, spacing, since we were talking of space, spacing that does not pertain to meaning. The way in which Celan spaces his poem –What is it? What does it mean? Rhythm, caesura, hiatus, interruption: how is one to *read* them? There is then a dissemination, irreducible to hermeneutics in Gadamer's sense" (165). I would contend that every aspect of a poem is inseparable from its meaning. That the dance traces both meanings and incisions.

"The signature of a poem, like that of any text. What opens, what does not heal, the hiatus, is indeed a mouth, that speaks there *where it is wounded*" (166). For the poetry of witness, Celan or Gamoneda, the wound is crucial. Addressing the wound does not heal. It isolates.[*]

---

[*] The register chosen for use in composition may involve a variety of political overtones. I am reminded that Gamoneda is the author of Spanish-language translations of Nazim Hikmet. In his early work such as *Description of the Lie* (trans. Don Wellman, Talisman Publications 2015), he expresses relief in a freedom from censorship following the death of Franco. Speaking of translations of European texts into Turkish, Efe Murat Balıkçıoğlu has written to me concerning translations of Pound's *Cantos* into Turkish. He argues that by looking at vocabulary preferences, one can see the political leanings of a particular translator. Leftist poets like Can Yücel, Ülkü Tamer, and Güven Turan refrain from using Arabized or Persianized vocabulary; whereas Hilmi Yavuz, Hakan Arslanbenzer and Yavuz Bülent Bakiler use a Islamized vocabulary when rendering the Latin and Ancient Greek sounding parts of the *Cantos*. A "purified" Turkish developed under Mustafa Kemal Atatürk, who ordered the removal of all Arabic and Persian vocabulary from the Turkish tongue. As a result the use of archaic Turkic forms, often with a kitsch value, became mandatory. In his work, Efe must thread multiple polarized choices.

Surface [truncated] On Gamoneda

Walter Benjamin's "The Ninth Thesis" from his *Theses on a Philosophy of History* introduces the Angel of History, a rhetorical figure derived from Paul Klee's drawing "Angelus Novus," purchased by Benjamin in 1921. This figure is identified with melancholy and despair over the future. Wallace Stevens evokes a similar angel, one associated with despair but also salvation: "I am the angel of reality, / seen for a moment standing in the door. / ... I am the necessary angel of earth. Since, in my sight, you see the earth again" (423). For Emilio Prados, one of the poets that I translate, Solitude is figured as such a polysemous angel. Such figures, tragic and melancholic, inhabit translingual social realities.

Translation practice

We were discussing issues of national security and one of my colleagues made a remark, encapsulating his perception of my biases: "Wellman doesn't believe in borders at all as far as I can tell." The remark floats again to the surface of my mind as I revise this text. Streets and trains, figures of passage, sites of liminality, my readings of this landscape have been conditioned by the anthropology of Victor Turner and Michael Taussig. My discipline is scattershot.

An idea had once crystalized. I decided that I wanted to know more about poetry than anyone else. Never to succeed. I trace the disease back to my first encounter with the poetry of Percy Bysshe Shelley, a rock star with his cosmos-stirring guitar and wind-swept golden tresses. I was attending an American High School in Germany. Later, again I was in Germany. I became haunted in disturbing ways by the figure of Ezra Pound. It was the era of the War in Vietnam and I was 25 years old. As I sat in a cafeteria on the base to which I had been assigned, I read Pound's *Selected Poetry* –only because I intended to pursue graduate studies if I survived military service. Someone, whose memory is very dear to me, approached and after some queries, he suggested that I would also like the work of Charles Olson and Louis Zukofsky. Amazingly, this individual was able to recite Basil Bunting's *Briggflatts* by heart.

Did poetry operate as my angel of salvation? To ease my personal melancholy, I sang to myself in the languages that I knew. I had an infant son. Using the blade of his knife, the butcher thrust beef tartar into my son's mouth, the boy's face contorted with fear. Old English had been my academic concentration. I remain enamored by the orality of the medieval languages with which I have become familiar, the architectonics of sound, the voice felt on the pulse, more so than prosody, my passion then and now. My drive toward medievalism and much that I have done since I trace back to my earliest readings of Pound. Bunting's verse struck the necessary, highly condensed accentual-syllabic note

Leaving my erratic biography aside, consider the amount of French in Chaucer, the presence of Arabic in Spanish. My desire is to erase boundaries. My poetry borrows bits from different languages, sounds and allusions, an image or a phrase. One of my poems uses allusions to both a medieval English lyric and medieval Hebrew:

> Now goes the sun behind the tree
> Me reweth marie thy son ond thee
>
> . . .
> See the sun gone red toward evening,
> in its crimson dress.
> Shelomo Ibn Gabriol ("Medieval Exercise" in *A North Atlantic Wall*, 21).

Each element offers a perspective on a world, a resonance, carrying meanings and emotions only approximated by the host language, a degree of "disjunctive synthesis." Clusters within the assemblage can be understood as monads, intersections and sums of possible perspectives. My understanding of perspective is from Leibniz via Deleuze.

Within the alembic of this monadic soup, I find a poem that I have translated from Spanish, Emilio Prados's "Tres tiempos de soledad" [Three periods of solitude] from his *Enclosed Garden*. This poem has the form of a hymn like those of Hölderlin. Giorgio Agamben has spoken of a stilted or staccato quality that he finds characteristic of the long-line:

> [In] the broken prosody and almost aprosody of Hölderlin's late hymns … single words –sometimes even simple conjunctions such as "aber," "but"– are isolated and jealously wrapped up in themselves; and the reading of the verse and the strophe is nothing but a succession of scansions and caesura in which all discourse and all meaning appear to break up and retract as in a sort of prosodic and semantic paralysis. In this "staccato" of rhythm and thought, the hymn exhibits the elegy –that is, the lament for taking leave of the gods, or, rather, for the impossibility of the hymn– as its only proper content. Poetry's bitter tendency to isolate words, which the Alexandrines used to call "free style," can be defined as "hymnical." (238)

In "Three Periods of Solitude," Prados composes an extended hymn to Solitude in three parts. She is his salvation and his lover. Her sexual characteristics are both male and female. The "evening star," like a pulse point of semen, descends upon the poet's tongue. In writing *Enclosed Garden* [Jardín cerrado], Prados sought solace for losses experienced during the Spanish Civil War. He also sought the means to accommodate himself to his exile in Mexico. These lines are from near the end of the first section of the poem:

Húndeme en tu bostezo: tu mudo laberinto
me enseñe lo que el viento no dejó entre mis ramas…
Los granados se mecen bajo el sol que los dora
y mi paladar virgen desconoce el lucero.

Soledad, noche a noche te elevas de mi sangre
y piedra a piedra asciende tu templo a lo infinito. (875-880).

[Hide me in your yawning mouth: your mute labyrinth
may teach me what the wind failed to leave in my branches…
The pomegranates rock under the sun that gilds them
and my virgin palate does not recognize the evening star.

Solitude, night after night you rise from my blood
and stone by stone your temple ascends toward infinity].

"Tres tiempos" is a profoundly elegiac poem, imbued with nostalgia for his lost youth imbued with nostalgia for his lost youth. His memories of Andalucía are "gilded" or "bronzed" and represent a lost paradise that is being rebuilt stone by stone within the temple of the lost poet's body. Through his poetry, Prados seeks a personal transformation similar to that which is found in the work of a mystical poet like Juan de la Cruz. The lines have that quality of staccato speech described by Agamben. An intense eroticism overflows boundaries with unexpected leaps. Solitude, figured as the participant in an isolated encounter, raises in the poet a tower of incalculable height, bit by bit, stone upon stone (tone upon tone) in the staccato rhythm of the lines.

&&&&&&

ANTONIO GAMONEDA

My travels in Mexico and Andalucía, necessarily as an outsider, sometimes accompanied by remorseful loneliness, have made me sympathetic to Prados's plea for salvation. My sympathies affect my imagination with, personal obsessions; it seems that I stumble upon or fall into those texts that I engage as translator. Such also is the case of my work with the poetry of Antonio Gamoneda. His feelings for landscape and history continue to fascinate me. Daniel Huerta once told me that he uses Gamoneda's *Libro de los venenos* [Book of poisons] as a field guide for identifying poisonous plants when hiking in the mountains of Mexico. *Libro de los venenos* is a meditation on and transcription of a book that passed into Spanish as the result of the work of several hands. During the Renaissance Andrés de Laguna translated Dioscorides's pharmikon (AD 70-50) from a Latin version into Spanish, adding commentaries related to plant identification and use. Many poisonous plants it seems also have curative properties.

Gamoneda's childhood is marked by the turmoil and terror of daily life during the early years of Franco's regime. In *Un armario lleno de sombras* [A wardrobe filled with shadows], he recounts memories recovered from his childhood. He recalls his experiences of the landscape and presents the realities of fascism from the point of view of a young boy who is unable to differentiate politics from the worries of neighbors, primarily the women. Early each morning he'd awaken to church bells and choruses. After a time his mother entered the room and told him to return to sleep. He was a frail child. He writes:

> In one book, I have said, "the [chanting] of the rosary at dawn was on the borders of proletarian purity." I can add: the mothers, wives, daughters of men who had been awakened at an earlier hour than that of the music to fight in the trenches between León and Austurias. They had been kidnapped from their beds by gunmen. (The Borge brothers, lived, I believe in the neighborhood of the Astorga road. The war began and seeking security, they moved to Saint Steven and Osorio: they were sentenced by the maquis, who were famous in the neighborhood for their efficacy at this type of kidnapping). Other sons, husbands, brothers, or fathers were put in the gloom of San Marcos. Many of those who were absent were nowhere].[1]

---

[1] En algún libro lo he dicho: "era el rosario de la aurora en los márgenes de la pureza proletaria."
Puedo añadir: eran las madres, las esposas, las hijas de hombres que habían sido llevados a combatir
en las trincheras abiertas entre León y Asturias, o de hombres que, a una hora más temprana que esta
de la música, habían sido sacados de sus casos por pistoleros. (Los hermanos Borge, vivían, creo, en las

He continues, "The morning chanting temporarily united the women among whom many. indeed, were or had been enemies."[2] His prose is passionate about its truths. San Marcos, a baroque era monastery and now a luxury hotel, was then a prison. More trenchant than the prose is Gamoneda's poetry where images that invoke, the walls of poplars that border a watercourse, or a market day in the center of the city, are interspersed with traumatic memories, a dead horse or a widow screaming in her grief, naked on the street. In some senses the poetry is the verbal analog to Pablo Picasso's *Guernica*, cast as a continual living nightmare. The force of the images lies in their music, in juxtapositions using subtly adjusted tone rows.

The need to cope with surveillance is one the driving forces in Gamoneda's poetry. Remembering Jorge Pedrero, he wrote:

> Tú invocabas al chamariz y hacías que los árboles se inclinasen sobre
> nosotros en tardes inmóviles mientras la policía escribía
> nuestros nombres.

> Otros días cantabas poseído por el alcohol, lo que rebosaba era azul
> sobre las mesas desgastadas por la lejía.

> Una senda de aulagas conducía hasta tu casa donde siempre era
> invierno. ¡Ah cómo sentía tus dientes y cuánto tiempo te
> escuchaba, cómo esperaba tu desaparición amándote!

---

cercanías de la calle de Astorga. Acabada la guerra y buscando seguridad, se trasladaron a Santisteban y Osorio: estaban sentenciados por el maquis. Eran famosos en el barrio por su eficacia en este tipo de "sacas"). Otros hijos, maridos. hermanos, o padres estarán en las tinieblas de San Marcos. Muchos de todos estos ausentes no estarían en ningún parte. *Armario* 80-81.

[2] La música del amanecer reunía transitoriamente a las mujeres de quiñes, entre sí, eran o habían sido enemigos. *Armario* 81.

[You invoked the greenfinch and made the trees to bend above us on
still afternoons while the police wrote our names.

Other days you sang possessed by the alcohol, that spilled blue upon
the tables worn away by bleach.

A path in the gorse led to your house where it was always winter.
How I felt your teeth and how long I listened, loving you how
I waited for your disappearance!] *Description of the Lie, 70-73*

A deep sympathy for human circumstances or "social facts" makes translation possible. In "El vigilante de la nieve" [The watchman of snow], the individual referred to as the "watchman" is again Jorge Pedrero, an artist and friend of the boy Antonio, a charismatic and charming man. Jorge is one of Gamoneda's "suicides," individuals who did not survive the depression or even the schizophrenia associated with living in a police state where people were encouraged to spy on one another a police tactic deployed for the purpose of rooting out opposition to Franco's government. Sleepless nights were populated by visitations from the spirits of lost companions, many of whom had been silenced by depression and suicide. Some had participated in sporadic guerilla attacks against the rail lines and depots during the first years of the Franco regime. Gamoneda left the clerical job that he had held since the age of fourteen and with which he had sustained his family and retreated to the mountains of León where he wrote his *Descripción*.

Durante quinientas semanas he estado ausente de mis designios,
depositado en nódulos y silencioso hasta la maldición.
Mientras tanto la tortura ha pactado con las palabras.
Ahora un rostro sonríe y su sonrisa se deposita en mis labios,
y la advertencia de su música explica todas las pérdidas y me acompaña.
Habla de mí como una vibración de pájaros que hubiesen desapa-
     recido y retornasen;
habla de mí con labios que todavía responden a la dulzura de unos
     párpados.

For five hundred weeks I have been absent from my intentions,
interred in nodules and silent under the curse.
All the while torture has made a pact with words.
Now a face smiles and its smile is deposited upon my lips,
and the warning in his music explains all of the losses and keeps me
     company.
He speaks about me like a murmuring of birds that might have
     disappeared and returned;
he speaks about me with lips that still respond to the sweetness of
     eyelids. *Description 8-11*

Gamoneda's poetry will continue to be haunted by the vocabulary and the imagery first found in *Description*. Signally it employs innovations in poetic language and prosody that distinguish his treatment of his difficult subject. He uses long winding prose-like lines (first employed in *Description*), combined with chiseled lyric or lapidary fragments, that speak to the monumental aspect of his theme. The poems address the tender themes of love and grief at the loss of loved ones. *Descripción* and *Gravestones (Lápidas)* unlock a body of poetry that continues through the icy cold reaches and burning passions of *Book of the Cold / Libro del frío* and *Losses Burn / Arden las pérdidas*, volumes crucial to the understanding of a healing process that still today is vital for contemporary Spanish culture and which remains incomplete.

Gamoneda's "suicides" are ghosts of their former selves, compared in some poems to blood-sucking bats. The suicides are teachers and judges who have experienced the difficult compromises that survivors are obliged to make as they struggle with the conditions of their existence. Much of this information enters the poems only indirectly. Some may be inferred from the context suggested by the language in a passage like the one that I quote below. The poem is written in Gamoneda's distinctive long line form where hanging indents defer the full stop that will in time close a line.

EN LA ebriedad le rodeaban mujeres, sombra, policía,
viento.

Ponía venas en las urces cárdenas, vértigo en la pureza:
la flor furiosa de la escarcha era azul en su oído.

Rosas, serpientes y cucharas eran bellas mientras
permanecían en sus manos.

[IN HIS intoxication, women surrounded him,
darkness, police, wind.

He worked veins into the purple heather, vertigo into
purity: the violent flower of the frost was blue in his
ear.

Roses, snakes, and spoons were beautiful while they
remained in his hands.]

Do either "ebriedad" or "intoxication" carry any of the weight suggested by
my commentary on the circumstances of life under fascism? The words chosen by
the poet diminish what might otherwise be thought of as charm or heroism, and yet
women are drawn to this man. The presence of "shadow" and "police" suggest the
theme of surveillance, observation, or vigilance. "Intoxication," if that is what it is,
combined with "vertigo" in the next verse, possibly relate to a dizzying insecurity,
eased by alcohol and women. My translation barely manages to catch any of this.

The lines express an erotic feeling, for me those of a boy for an adult man to whom he is drawn. My reading is weighted with my own nostalgia.

The second and third verses testify to the actions and transformative abilities of the artist, referring to when he is absorbed in his work and not sensitive to being observed. "Intoxication" from the first verse could also indicate a comforting blindness. As the translator, I am forced to puzzle over the prosodic effect that pairs the sounds of the diphthongs in "ebriedad" and "serpientes." A similar slant rhyme that pairs the two /x/ sounds in the English of "intoxication" and "snakes" –a degree of slant rhyme that on this reading of my work I find to be wonderfully subtle, but of which I was not really cognizant when translating the passage five years ago.

Then and today, the greatest degree of "useful" difficulty, for me, lies in the sound and meaning of a word like "venas" [veins]. I know purple heather, "urces." Heather is common where I live. I have no sense of how veins or even threads can be placed in it or through it. I envision a weaving together of clusters. If I translate "venas" as "threads," am I changing the image for the sake of comprehension, maybe offering a reading instead of a translation? A temptation that Gamoneda himself has cautioned me to avoid. The simple choice of "veins" for "venas," happily, leaves me with the consonance of the /v/ sounds, repeated three times in Spanish: "viento," "venas," "vertigo," as well as in English "veins," "vertigo," "violence." In Spanish, there is also a consonance of the fricative /f/ closely related to /v/ in the phrase "flor furiosa", and the English has "flower" and "frost" (but these fricatives are not as strong as those in Spanish).

For all the variations between the two languages, I have managed, I hope, to keep some of the threaded quality of sounds in relation to sounds in Gamoneda's work, but I have also woven the syllables together differently. Gamoneda likens the writing of poetry to musical composition, but are my grace notes are not in any sense equivalent to his. The musical linkage of "escarcha" [frost] and "cuchara" [spoon] presents an incomparable degree of assonance. My version is I not in any sense equally astonishing; instead, it presents a tired and clichéd consonance between "blue" and "beautiful." From Spanish poetry, I have learned to map the space that a poem occupies both on the page and in the ear. Simply, translation exposes multiple forms of language.[3]

The passage below from *Libro del frío* makes use of the image of the "armario," a metaphor of dark and capacious resonance. "Wardrobe" or "cupboard," it is associated in Gamoneda's poetry with the physical presence and reserve of his mother. The word "armario" is also used in the title of poet's autobiography I quote from *Libro del frío.*

---

[3] Benjamin writes, "This successful form of translation, which acknowledges its own role by means of commentary and makes the fact of the different linguistic situation one of its themes, has unfortunately been on the wane in modern times" (250). Translation practice now often imbeds signs of "different linguistic situations" in the fabric of the translated work. Ezra Pound often did this, in his *Propertius,* for instance. Venuti has theorized translation practices that bear signs of the original language being translated.

OYES la destrucción de la madera (los termes ciegos en sus venas), ves las
agujas y los armarios llenos de sombra.

Es la siesta mortal. ¡Cuánta niñez bajo los párpados!
Como el tábano triste en el verano, apartas de tu rostro la sarga negra de tu
madre.
Vas

a despertar en el olvido.

____

YOU HEAR the destruction of wood (the blind termites in its veins), you
see needles and wardrobes full of shadow.

It is the mortal nap. So much childhood under the eyelids!

Like the sad horsefly of summer, you take from your face, your mother's
black serge. You're going to

awaken in oblivion. (80-81)

I have tried to remain true to the pulse of the poem as it presents itself. I have attempted to translate, not interpret, the various meanings that the language puts in play. Gamoneda's language speaks to me in ways that stir a pre-conscious part of my own brain, awakening feelings that look through personal associations of my own toward compelling immediacies. This is not a mystical nor is it a surreal doctrine. It enacts processes that place perception before meaning. This is the path that Charles Olson would follow, when in 1950 he wrote that "law of the line" demands that one perception follow immediately its predecessor. The poetics of perception in Gamoneda's case is also similar to the rhizomatics of Giles Deleuze, influenced in turn by Spinoza. Gamoneda is a deeply ethical person, to a degree pantheistic, and believes that, for all the weight of history and all of the discouragements that can be felt because of oppression, truth lies solely in adjustment of cumulative forces to each other. Gamoneda can seem to be ingenuous:

> My sensibility yields to a kind of a-temporal perception, or better, a temporal confusion: the large leaves of the begonia would appear to stretch into the past, and at the same time, into an unknown anticipation affecting my life. The present did not exist, that which, properly thought, was able to be certain and to be also that which gave me peace, or the present only was perceptible in its double composition of the past and the future. Not that this is my actual speculation but what I feel." *Armario* 87-88.[4]

---

[4] Mi sensibilidad se entregaba a una especie de percepción intemporal, o, mejor, de confusión temporal: las grandes hojas de las begonias parecían estar extendidas en el pasado y, a la vez, en una desconocida anticipación de mi vida. No existía el presente, lo cual. bien pensado, pudiera ser cierto y ser también lo que me proporcionaba paz, o el presente sólo era perceptible en su doble composición de pretérito y futuro. No es una especulación mía actual. Yo no sabía pensarlo pero lo sentía así.

The poet is reflecting on afternoon naps prescribed for childhood illness when he was compelled to lie still in the "magnetic" space of a sunny gallery. Likewise in an overgrown graveyard, resplendent with frosted etching of the numbers on the stones, he heard a joyous blackbird whistling from its dense brush (*Armario* 197). Observations, confused memories by which one negotiates a life, insistently, obsessively.

&&&&&&

Julio Mas Alcaraz has translated John Ashbery's *The Tennis Court Oath* from English into Spanish. These lines are from his Spanish version of "Leaving the Atocha Station."

> El desgastado taburete resplandece
> palomas del techo
> conduciendo el tractor para aplastar
> Saliendo de la estación de Atocha acero
> golpes infectados los tornillos (30).
> [The worn stool blazing
> pigeons from the roof
> driving tractor to squash
> Leaving the Atocha Station steel
> infected bumps the screws] (31).

The English does several things that the Spanish is unable to do. There's some uncanny assonance: "stool" and "roof," "worn" and "pigeon." "Pigeon from" also seems to work as a verb phrase as in "dives from," transforming a noun into a verb. Such grammatical ambiguity is a pronounced feature of language-centered writing. This passage is indelibly one written in Ashbery's unique style, a style that has made the impossible possible, constructing the verse line by eliminating the usual signs of the "art" of composition. The English constructs a matrix for what Roland Barthes has refered to as readerly writing. In this spirit, the translation is be open to multiple levels of envisagement. "Aplastar' for "squash" has a similar energy. "Golpes infectados" suggests a bruise; the English "infected bumps" conjures, possibly a childhood disease. Translations always invoke different connotations than the original. Ashbery's syntax, by enabling a range of connotations, has impacted normative Spanish-language rules for sentence construction much as his style has also tweaked normative English syntax. Both "driving the tractor to squash" and "conduciendo el tractor para aplastar" while normative in the relation of "driving" to "tractor" also challenge the envisagement of "to" or "para." Is "para" an expression of finality, meaning "in order to" or "so that"? Does one imagine a transitive construction? "Squash" what? The ambiguity of connecting bits like prepositions may allow much more resiliency in English than in Spanish. Maintaining that resiliency is an aspect of the translator's task. Ambiguity of connotation can become fundamental to the understanding of the poem as it comes to be read and taught in the receiving language.[5]

---

[5] Dear K. - With regard to Deborah Garfinkel's "Karl Capek's *Pásmo* and the Construction of Literary Modernity Through the Art of Translation [*The Slavic and East European Journal,* 47:3 (Autumn 2003) 345-366] that you sent recently... I agree with her proposition that the role of a translation can be fundamental in creating the heritage with which the borrowing country identifies. Karl Capek brought out a new approach to the work of translation when he inserted his understanding of Apollinaire into Czech modern poetry. There are other examples which precede it: Chaucer and Boccaccio, Shakespeare and Seneca. More recently Spicer and Lorca. Spicer's translations are both more accurate than some readers suspect, yet they are also *adaptations.*

As to the space between symbolism and surrealism, I often use the concept of expressionism, understood as a universal angst that draws brother to brother, cool and ironic, sometimes impregnated with misery. At other times I seem to have specialized in this in-between period, my work with Cendrars, a collagist, not a cubist or surrealist, is an example. Like the composers known as Les Six, his collages are mosaics that convey a *pulse.* This aspect figures in my reasons for having translated the expressionist Yvan Goll, who published his *Le surréalisme"* six months prior to Breton's manifesto. For some reason Goll is also identified as the father of the Hungarian avant-garde (documentation for this primogenitor status yet escapes me). Interestingly, Goll was cited by Artaud as a seminal influence. Prados, is an exile between worlds, who strangely enough studied in Freiburg and at least knew Husserl if not becoming his disciple. I like to translate work by unrecognized figures who lay claim to a different centrality than that of Paris or NYC.

The idea of poetry as an "enormous consolation" (Garfinkle 348) is also crucial to me, as I sometimes feel without purpose and translation helps to bridge that gap. I do not myself practice deliberate adaptation as translation, I seek an extreme literalism, for the sake of language itself. I am not building a new civilization based on by-gone masterpieces. I am sharing a pleasure in reading (insert Barthes). I like it that Capek said, "I leave intact its coarseness and abstraction" (Garfinkle 349). I avoid semantic substitutions in order to accommodate the requirements of English prosody. I will always seek a syntax that works in English within the arbitrary (from the point of view of English) restraint of the poet's sense of the line (353). The question of how to translate "soleil cou coupé" [sun severed neck] from Apollinaire's *Soirée de Paris* and all the issues of prosody that surround it, as addressed by Capek, goes back to the question of translation as reading and what makes a reading of integrity. Twisting semantics for the sake of assonance, does not work for me. I am familiar with the temptation. Much of what I have been saying about my "literalness" comes into play when I offered my own alternative translations of Celan in the course of that essay. –D. W.

General populations are "altogether now" comfortably "at home" among discontinuous fragments and their jarring contents. "Estrangement" of the sort that Brecht or Benjamin celebrated in response to discontinuity has gone by the wayside. Critical judgement too? The barrage of discontinuous images that constitute today's viewing experience is merely pornographic, dulling. A needed corrective is the ability to absorb reflected energies and respond, not become traumatized and passive. Learn to ingest both images and words as substances. The worm in the apple that will be born as a moth is a favorite figure of Henry David Thoreau's. The translator vainly seeks "butterflies." He uses a cyphered shorthand marked by wandering intentions. The translation may be usefully less exact than the original.

In the translation of poetry one language meets another and begins to reinvent itself. And that reinvention is not simply a matter of semantics. Where the music of two or more languages intersect and affect one another, poetry makes its deepest contributions to its "mother" tongue. Hybridity no longer implies sterility as it did for the nineteenth century gardener. It stimulates a new translingual grasp of social fact. Meliz Ergin has written on Emine Sevgi Özdamar's translingual poetics, "on the one hand, Özdamar questions aggressive and insular identitarianisms that essentialize cultural difference to promote nationalist agendas; on the other hand, she cautions us against a universalizing tendency, which flattens out all claims of difference under the pretense of a free-floating hybridity." Difference may also be wildly liberating.[6] Anne-Marie Albiach's translingual reading of Zukofsky's work was instrumental in developing the poetics of *écriture*. The work of Sawako Nakayasu explores translingual processes at work in composition and performance.

[6] "Emine Sevgi Özdamar's Translingual Poetics in *Mutterzunge*." Seminar: A Journal of Germanic Studies. 49:1 (February 2013):20-37. Some poets feel liberated by translation. Abdel-Moneim Ramadan writes of how translation has opened new horizons for contemporary, 21st Century, Egyptian poets. "And so the geography of Arabic poetry widened and that expansive diwan began to include both poems written in Arabic and poems translated into Arabic. The new poets were better enabled to recognize Al-Mutanabbi, Abu Nuwâs, Ahmad Shawqi, Salah 'Abd al-Sabur, Al-Sayyâb, Adonis, and Mahmoud Darwish. They became equally knowledgeable about Rimbaud, Baudelaire, Mallarmé, Aragon, Tagore, Pushkin, Eliot, Frost, Neruda, Nâzim Hikmet, Lorca, and Whitman. And the notion that poetry could not be read outside its own language, that the heart of poetry could not beat except in its own mother language, fluttered to the ground like a withered leaf."

ALEATORY DISPLACEMENT   Works Cited

Albiach, Anne-Marie. *Anawratha*. Marseille: Editions Spectre Familiers, 1984

Albiach, Anne-Marie. *Figurations de l'image*. Paris: Flammarion, 2004.

Albiach, Anne-Marie. *Figured Image*. Tr. Keith Waldrop. Sausalito: Post Apollo, 2006.

Albiach, Anne-Marie. *Mezza Voce* (Flammarion 1984). Tr. Joseph Simas in   collaboration with Anthony Barnett, Lydia Davis & Douglas Oliver. Sausalito: Post-Apollo,1988.

Albiach, Anne-Marie, *Two Poems: "Flammigère" and "The Line the loss."* Tr. Peter Riley. Exeter: Shearsman, 2004.

Deleuze, Giles, *Francis Bacon: Logique de la sensation*. Paris: Editions de la différence, 1989.

Derrida, Jacques. *Margins of Philosophy*. Tr. Alan Bass. Chicago: U of Chicago Press,1982.

Tortel, Jean. Quoted Jean-Marie Gleize. *Le Théâtre du Poème: Vers Anne-Marie Albiach*. Paris: Belin, 1995.

EARTH ERGON, READING CELAN WITH DERRIDA AT HAND   sources

Celan, Paul. *Breathturn into Timestead: The Collected Later Poetry of Paul Celan*. Trans. and ed. Pierre Joris.NY: Farrar, Straus and Giroux, 2014.

Celan, Paul. *Gesammelte Werke in Sieben Bänden.* Frankfurt: Suhrkamp, 2000.

Celan, Paul. *The Meridian.* Tr. Pierre Joris. Eds. Bernard Böchenstein and Heino Schmul. Stanford: Stanford UP, 2011.

Derrida Jacques. *Sovereignties in Question: Poetics of Paul* Celan. Eds. Thomas Dutoit and Outi Pasanen. NY: Fordham 2005.

Felstiner, John. *Selected Poems and Prose of Paul Celan.* NY: Norton, 2001.

Gadamer, Hans Georg. *Gadamer on Celan: 'Who Am I and Who Are You?' and Other Essays.* Trans. and ed. Richard Heinemann and Bruce Krajewski. Albany, NY: SUNY Press, 1997.

Gamoneda, Antonio. *Description of the Lie.* Tr. and ed. Donald Wellman. Greenfield: Talisman House, 2014.

Gillespie, Susan H. *Corona: Selected Poems of Paul Celan.* Barrytown: Station Hill, 2013.

Goll, Claire. *Ich verzeihe keinem: Eine literarische Chronique scandaleuse unserer Zeit.* Munich: Knauer, 1976.

Hamburger, Michael. *Poems of Paul Celan.* NY: Persea, 2002.

Joris, Pierre. *The Meridian: Celan.* Stanford: Stanford UP, 2011.

Joris, Pierre. "Nomadic Poetics," in *The Millennium Will Be Nomadic Or It Will Not Be Notes Towards A Nomadic Poetics* < http://pierrejoris.com/nomad.html>.

Lyotard, Jean-Francois. *Heidegger and "the jews."* Minneapolis: U Minnesota, 1990.

Moure, Erín. *The Unmemntioable.* Toronto: Anansi, 2012.

Neugroschel, Joachim. *Paul Celan, Speech-Grill and Selected Poems.* NY: Dutton, 1971.

Venuti, Lawrence. *The Translator's Invisibility. A History of Translation.* London: Routledge, 1995.

Wellman, Donald. *Immanent Occasions* < http://immanentoccasions.blogspot.com/>.

Wellman, Donald. "Notebooks: Césaire, Williams." *William Carlos Williams Review,* 2014.

SURFACE [truncated}   works cited

Agamben, Giorgio, Lorenzo CHIESA and Matteo Mandarini. *The Kingdom and the Glory: For a Theological Genealogy of Economy and Government,* Palo Alto: Stanford University Press, 2011.

Ashbery, John. *El Juramento de la pista de frontón: The tennis court oath*, bilingual edition, trans. Julio Mas Alcaraz, Barcelona: Calambur, 2010.

Benjamin, Walter. "The Translator's Task", *TTR (Traduction, Terminologie, Rédaction),* 10:2 (1997): 151-165, trans. Steven Rendall, http://id.erudit.org/iderudit/037302ar. Also available in Lawrence Venuti, ed. (2012), *The Translation Studies Reader*, 3rd ed., London: Routledge.

Benjamin, Walter. "Translation – For and Against." *Selected Writings,* Vol. 3: 1935-1938: 249-252. Trans. Edmund Jephcott, Howard Eiland, and Others Ed. Howard Eiland and Michael W. Jennings. https://anatolylunacharsky.files.wordpress.com/2015/12/walter-benjamin-selected-writings-volume-3-1935-1938.pdf.

Gamoneda, Antonio. *Description of the Lie /Descripción de la mentira.* Greenfield: Talisman House, 2014.

Gamoneda, Antonio. *Gravestones / Lápidas.* New Orleans: UNO Press, 2009.

Gamoneda, Antonio. *Libro del frío* in *Esta luz: poesía reunida (1947-2004).* Barcelona: Galaxia Gutenberg / Círculo de Lectores, 2004.

Gamoneda, Antonio. *Un amario llena de sombras.* Barcelona: Galaxia Gutenberg / Circulo de Letores, 2009.,

Garfinkle, Deborah. "Karl Capek's Pásmo and the Construction of Literary Modernity Through the Art of Translation," *The Slavic and East European Journal,* 47:3 (Autumn 2003): 345-366.

Prados, Emilio (1999), *Poesías completas.* Madrid: Visor.

Prados, Emilio. *Enclosed Garden [Jardín cerrado].* Trans. Donald Wellman. New Orleans: Diálogos, 2013.

Ramadan, Abdel-Moneim. "Walt Whitman and Me: Notes on a Poetic Education." Translation by Michael Beard and Adnan Haydar. *Words Without Borders.* 2014. http://www.wordswithoutborders.org/article/walt-whitman-and-me-thoughts-on-a-poetic-education#ixzz3u3nG1Yf3.

Wellman, Donald. A *North Atlantic Wall*. Loveland: Dos Madres, 2010.

Editor's Note:

The translation of *Urgency and negation as response : Anne-Marie Albiach and Paul Celan* is the work of many hands and I would like to thank all who contributed, each of whom, I feel, must share credit for this translation regardless of how they are listed or the amount of work done. The texts in this volume were selected by the editor. In one instance, Jean Daive's piece, originally intended as an introduction to Donald Wellman's work, it was written at the request of the editor based upon the suggestion of Claude Royet-Journoud. Anne-Marie Albiach's work which begins the book is a variant, and this is the first appearance of her poem, in this version, in English.

ACKNOWLEDGEMENTS

Donald Wellman's "Surface [Truncated]" was edited by Julian Kabza. Claudine Kahane read and made suggestions.

A version of "Surface [Truncated]" appeared in *Eu-topias: a journal of interculturality, communication and European studies*, 5 (Valencia 2013).

"Aleatory displacement," a review of Anne-Marie Albiach's *Figured Image*, translated by Keith Waldrop, first appeared in *Jacket Magazine* 32 (April 2007).

The English translation of Anne-Marie Albiach, « *après cela, moi j'ai regardé* » (ébauche) **here** entitled "after that, I myself looked" was translated by Donald Wellman, Julian Kabza and it was edited by Claude Royet-Journoud.
The title is a line taken from a poem by Claude Royet-Journoud which appeared first in his *Theorie des prépositions*, P.O.L, Paris, 2007 and later in an English version. *Theory of prepositions*, tr. Keith Waldrop, Iowa City & Paris, La Presse, 2006. Also: *Teori om prepositioner*, tr. Helena Eriksson & Jonas (J) Magnusson, OEI Editor, Sweden, 2003.

Earlier versions of Anne-Marie Albiach's, « *après cela, moi j'ai regardé* » (ébauche) : appeared in K.O.S.H.K.K.O.N.G. n° 8, été 2015, Eric Pesty Editeur, Marseille, France. **Also :** « despois diso, eu mire » Galician translation by Emilio Arauxo, Amastra-n- Gallar, n° 8, outono 2014, Lalin, Spain.

PRINTED IN AN EDITION OF

ANNEX PRESS / JULIAN KABZA

founded 1973

annexpress.org